冰心的故事

徐鲁/著

GUANGXI NORMAL UNIVERSITY PRESS
广西师范大学出版社
·桂林·

冰心的故事
Bing Xin de Gushi

出 品 人：柳 漾
编辑总监：周 英
项目主管：陈诗艺
责任编辑：陈诗艺 孙才真
装帧设计：赵英凯
封面插画：刘墨语
责任技编：李春林

图书在版编目（CIP）数据

冰心的故事／徐鲁著．—桂林：广西师范大学出版社，2016.12（2019.3 重印）
（魔法象．故事森林）
ISBN 978-7-5495-9260-9

Ⅰ．①冰… Ⅱ．①徐… Ⅲ．①冰心(1900-1999)－传记 Ⅳ．①K825.6

中国版本图书馆 CIP 数据核字（2016）第 307977 号

广西师范大学出版社出版发行
（广西桂林市五里店路 9 号 邮政编码：541004
网址：http://www.bbtpress.com）
出版人：张艺兵
全国新华书店经销
河北远涛彩色印刷有限公司印刷
（河北省石家庄市栾城区冶河村 邮政编码：050000）
开本：880 mm × 1 240 mm 1/32
印张：9.375 字数：156 千字
2016 年 12 月第 1 版 2019 年 3 月第 6 次印刷
定价：29.80 元

序

我们应该向冰心奶奶学习什么

——致少年朋友们

我的恩师，著名诗人、翻译家徐迟先生，是冰心 1931 年在燕京大学教书时的学生。徐迟老师在世时，给我讲过当时的冰心留给他的美好印象。

冰心给学生们开了一门课，就叫“诗”，每星期上一小时的课，讲英国浪漫主义诗人雪莱和拜伦的诗，也讲“湖畔诗人”华兹华斯、柯勒律治的诗。冰心当时刚刚生下第一个孩子，是一位年轻又慈爱的母亲。她时常推着一辆婴儿车，在燕大校园的林荫下，在未名湖畔的阳光里，娴静地来去。当时已是一名青年诗人的徐迟觉得，这样的情景非常动人，本身就像一首美丽的诗。

冰心每次来给学生们上课时，总会夹着一册精装本的英文诗选集，轻轻地走进教室，就座以后，打开书念出其中的某一首，然后开始讲解和分析这首诗。她用流利的英文讲课，也没有课本，徐迟老师说："虽然她讲的什么我不能全听懂，但这是一门多么美丽的课程啊！听着冰心老师的这门诗歌课，我们中的不少人后来都成了诗人或诗歌研究者……"

另一位我一直尊为老师的文学前辈、童话家葛翠琳老师，也是冰心和她的丈夫、著名社会学教授吴文藻先生在燕京大学的学生。葛老师进入燕大读书的时间比徐老师稍晚一些，但是她和冰心在一起的时间更长，与冰心也更亲近。新中国刚刚诞生的那几年里，葛老师还经常与冰心一起，在中国作家协会的儿童文学小组里开会、学习、讨论，葛老师也一直把冰心视为自己儿童文学创作上的老师、朋友和引路人。到冰心晚年时，葛老师又与雷洁琼、韩素音一起，创办了以冰心的名字命名的儿童文学奖——"冰心奖"。

如今，"冰心奖"已经走过了二十五年历程。她已经不只是一个儿童文学奖、儿童图书奖了，而是成为一种精神、一种理想和信念的象征，是来自冰心的生命和作品中的热爱祖国、热爱人类、热爱孩子、热爱儿童文学事业、追求真善美的精神与信念的象征。

正是因为徐迟老师、葛翠琳老师与冰心的这些渊源，我在作为冰心奶奶的一名“小读者”之外，与她似乎也有了一点间接的联系。

1995年，冰心老人在世时，主编过一套《新时期儿童文学名家作品选》，每人一集，共有14位作家的作品入选，其中诗歌只选了金波和我两人的作品。依照当时的年龄来看，我还很年轻，是其中最年轻者，能忝列这套丛书作者之列，真是荣幸之至！这套作家选集由冰心故乡的出版社在1996年10月正式出版，冰心亲笔为丛书题写了书名。这是我与冰心又一点间接的联系吧。

此外，多年前我还写过一篇《永不熄灭的小橘灯》的散文；应邀为《小橘灯·冰心作品选》撰写过一篇序言；2012年秋天，“海外华文女作家协会第十二届双年会暨海外华文文学论坛”邀请我做主题演讲，我演讲的题目就是“在冰心先生的慈辉里——华文女作家对儿童文学的引领与贡献”。

因我素来敬仰冰心，喜爱冰心的作品，所以，当广西师范大学出版社魔法象童书馆的编辑朋友邀我为少年朋友撰写一本《冰心的故事》时，我感到十分荣幸，愉快地接受了这个美好的写作任务。也因了这本传记故事的写作，我有机会通读或重读了冰心几乎全部的作品，也拜读了有关冰心的五六种长篇传记和数种研究资料集，对她的生平经历、各类作品和精神世界，有了一些新的理解、认识和感悟。

作为一位“世纪老人”，冰心一生的经历和故事，远比我这本小书里写到的要丰富得多、复杂得多。然而要给少年朋友们写一本篇幅不长、比较清新和流畅的传记读本，就需要对主人公一生的故事做一些删繁就简的剪裁和取舍，在保留那些重大和重要的生平事件的前提下，尽可能选择那些适合少年儿童阅读和理解的故事来讲述，舍弃一些过于烦琐、复杂和“乏善可陈”的事件。我在写这本传记故事时，就是这样要求自己的。我想尽量用比较清丽、浅显的散文化语言，来讲述冰心一生中经历的重大事件和人生故事，在寻绎她不同时期创作各类作品的心路轨迹的同时，也向小读者展现冰心作品的艺术成就，展现冰心纯洁、善良和高尚的人格魅力。

那么，我们应该向冰心奶奶学习什么呢？在冰心奶奶的品格和精神世界里，有哪些闪光的东西呢？

简要说来，至少有以下几点，我希望少年朋友们能在阅读这本传记故事时有所发现和领悟：

一是冰心奶奶热爱祖国的高尚情怀。从她小时候在大海边听爸爸讲述北洋水师和甲午战争的故事，到她投身到伟大的五四爱国运动的洪流中，一直延续到她的晚年，冰心奶奶炽热的家国情怀始终没有改变。她把自己一生的爱、一生的才华，都奉献给了自己深爱的祖国和人民。

二是冰心奶奶热爱人类、热爱孩子、热爱大自然的赤子之心。冰心奶奶把自己赤诚的心献给了这个世界，她和她的作品因此受到了全世界不同文化背景下的读者的拥戴。正如她的老朋友、文学家巴金先生的题词中所说的那样：“思想不老的人永远年轻，冰心大姐就是这样的人……好几代的孩子读她的诗文，懂得爱世界、爱大海、爱星星。听她的话，年轻人讲‘真话’写‘真话’，为国家为人民奉献赤诚的心。作为读者，我敬爱她；作为朋友，我为她感到自豪。”

三是冰心奶奶常怀孝顺父母、敬爱长辈与感恩他人之心。这也是中华民族传承千年的传统美德。我们从冰心与自己最敬爱的母亲之间的唇齿相依、与父亲之间既是父女又似朋友的融洽关系、与弟弟们之间动人的手足之情中都能感受到，一种传统的孝亲和感恩的美德，在冰心奶奶一生中的每一个时期，都熠熠闪光，给人带来光明和温暖。

四是冰心奶奶对自己所热爱的儿童文学事业锲而不舍的追求。凡是生活在20世纪中国儿童文学园地里的作家，有谁不曾做过冰心奶奶的“小读者”？谁的心灵，不曾被那盏闪烁着朦胧的橘红色光芒的小橘灯温暖过、照耀过？谁的情感和文字里，不曾接受过那涓涓春水的无声润泽？谁的记忆里，不曾珍藏那宝石般晶莹的繁星的光芒？繁星永照，春水长流。冰心奶奶留给我们的儿童文学作品，是一笔极其宝贵的精神遗产。她博大、慈爱、纯净的生命，将永远地存活在她的作品里，是大海，是玫瑰，是繁星，是春水，也是那盏不灭的小橘灯所闪耀出的永恒的温暖与光明。

记得在贫寒的高中时代，我曾向同学借过一本商务印书馆出版的《居里夫人传》，那真是对我这个乡村少年起到了“励志”作用的一本传记故事。也许从那个时候起，在我的心里就埋下了一种信念——名人传记故事励人心志。我写《冰心的故事》的时候，不时地会想到那本《居里夫人传》。也就是说，我在写这本传记故事的时候也会提醒自己，不要忘记了“励志”精神。因此，我期待，我写的这本传记故事，也能成为献给少年朋友们的一本励志之书。

徐鲁

2016年深秋于东湖梨园

目录

1 刘公岛的故事 ………………………………1
2 爸爸的大海 ………………………………12
3 母爱的乐章 ………………………………23
4 小书迷 ……………………………………33
5 “烟台是我们的” …………………………47
6 大榕树下的故乡 …………………………55
7 北京小巷 …………………………………68
8 贝满女中 …………………………………75
9 惊雷与洪流 ………………………………88
10 美丽的笔名 ……………………………98
11 “爱”就是真理 …………………………106
12 繁星与春水 ……………………………115

13 校园弦歌 ……………………………134
14 与幼小者 ……………………………143
15 远航的大船 …………………………149
16 在浩瀚的太平洋上 …………………156
17 慰冰湖畔 ……………………………164
18 寄小读者 ……………………………174
19 重返燕园 ……………………………188
20 伤逝与远游 …………………………199
21 国破山河在 …………………………208
22 再寄小读者 …………………………216
23 小橘灯的故事 ………………………231
24 三寄小读者 …………………………242
25 海棠花下 ……………………………252
26 玫瑰的风骨 …………………………266
尾声 涓涓不息的春水 ………………273

1 刘公岛的故事

谁见过茫茫大海上最阴沉的时分？当暴风呼呼地驱赶着满天的乌云，冲天的巨浪拍打着礁石和岛屿，海鸟的一声声凄叫划破黄昏，这时候，天空越来越暗，也越来越低沉，仿佛在预示着什么灾难，就要在茫茫的大海上降临……

亿万年的大海啊，日复一日，年复一年，总是这样波涛汹涌、此起彼伏！起伏的波涛好像在诉说着大海无尽的欢乐与痛苦……

在中国古老的黄海和东海上，一代代船工和渔夫，在海边出生，在海上长大，每天迎着东方的日出走向白浪滔天的大海，搏击在惊涛骇浪之上。他们是大海真正的儿子！他们和千百年来祖祖辈辈的打鱼人一样，谁也不敢保证，自己每天清晨出海后，都能在黄昏的时候平安地归来，尤其是在大海变幻无常的季节。

一代代顽强和刚毅的、从来也不肯向大海低头的汉子，即使是死在了海上，葬身在了深沉的波涛之中，他们也用各自的故事，激励着后来者从海滩上含着泪水站起来，重新抓紧手中的双桨！就像文学家帕乌斯托夫斯基在《金蔷薇》里写到的，矗立在一个古老的渔村近旁的那块巨大的花岗石上的碑铭——那是世世代代与海洋为伴的渔人们亲手刻下的悲壮墓志：“纪念那所有死在海上和将要死在海上的人们”。这行题词是那样地醒目，使每一位自陆地走近大海的人都能够远远地望见它。而对于那些真正热爱大海、了解大海，曾经在大海上经历过生与死的考验的人来说，这行题词，似乎还有着另一层意义，那就是：纪念那些征服了大海和即将征服大海的人！

现在，让我们走近波涛汹涌的大海，走近流传着八仙过海、海神娘娘、刘公刘母等古老传说的胶东半岛和渤海湾、威海湾，回望一百多年前的一段故事……

在山东半岛的东端，沿着渤海和黄海弯弯曲曲的海岸线，散落着好几座美丽的海滨城市，包括烟台、威海、蓬莱、莱州、青岛，等等。1902 年（清光绪二十八年），清政府在烟台设立了海军训练营。

当时，小婉莹的爸爸谢葆璋是一位海军军官，担任北洋海军“海圻号”巡洋舰的副舰长，正驻扎在上海。第二年，谢葆璋奉命来到烟台，担任海军训练营营长，并开始筹建水师学堂。

这一年，小婉莹还不满三岁。

婉莹，就是冰心的原名。冰心是谢婉莹成为作家后所使用的笔名。1900 年 10 月 5 日（清光绪二十六年，农历庚子年闰八月十二日），小婉莹出生在福建省福州城内隆普营的一个海军军官家庭。

婉莹的曾祖父原本是福建长乐县横岭乡的一位普通的种田人，后来因为遇上天灾，在乡下难以生存下去了，就逃荒来到了福州城，当了一名裁缝，靠着这门手艺养家糊口。

这位曾祖父真了不起，他自己不识字，却把自己的一个儿子培养成了读书人,并且考中了举人。这个举人出身的儿子，就是小婉莹的祖父谢大德，字銮恩，号子修。他是谢家第一位读书识字的人。

福州城里有个很有名的地方，叫光禄坊，坊内有座祠堂叫道南祠，是为了祭祀宋代的大学问家朱熹而建的。谢銮恩中了举人后，就在这座祠堂里开设了一个书馆，教书授徒、著书立说。他的得意门生里，就有后来成为中国最早的海军的北洋水师一代名将萨镇冰将军，还有后来成为著名华侨领袖、革命家、教育家的黄乃裳先生。

谢銮恩还很有诗才，写过《游记诗钞》《栽种抒情》等诗集。小婉莹长大后能成为诗人，大概与祖父的遗传基因也不无关系。

谢銮恩有三个儿子，都在他开设的书馆里念书。当时，经常来书馆里聚会聊天的，大都是福州城里有学问的人，如林纾、严复、郭柏荫等，都是当时的文化名流。

有一天，大学者严复来到书馆，在一班学子里，看到有个学生眼角眉梢都透着那么一股子聪慧和英气。

他问："这个少年气度不凡啊，这是谁家的孩子？"

谢銮恩说："这是小儿学朗，尚处舞象之年。"

谢学朗，字葆璋，号镜如，是谢銮恩最小的儿子，当时只有十七岁。那时候人们都把男孩的十七八岁这个年龄称为"舞象之年"。

严复是清朝政府派往英国学习、毕业于英国格林尼茨皇家海军学院的高才生，回国后担任天津北洋水师学堂总教习，眼下回到家乡福建，为水师学堂物色和招收少年人才。

1902 年，两岁的冰心与祖父谢銮恩及老姨太在上海的合影，这是目前可以找到的冰心最早的一张照片。

他一眼就看中了谢葆璋英姿勃发的气度，决定收他为水师学堂的学生。

从此，谢葆璋就踏上了终生未改的海军之路。他没有辜负家乡的前辈严复对他的期望，依靠自己的聪慧和勤奋，终于成为了一位赫赫有名的海军军官。

现在，因为他的工作调动，小婉莹跟着家人从上海迁到了烟台的大海边，先是住在市内的海军采办厅，不久又搬到了烟台东山北坡上的一座海军医院内居住。

坐在面朝大海的山坡上，每天都能看见湛蓝湛蓝的大海，看见缓缓地行驶在海面上的帆影，听见海鸥在浪花间高声歌唱……婉莹的童年时光里，有八年是在离海军训练营不远的大海边度过的。大海，成了她童年时代最美好的记忆之一，也成为她后来的文学作品里一个永恒的、美丽的主题。

她在早期的诗集《繁星》里，这样抒写过她对大海的热爱与赞美："大海呵，哪一颗星没有光？哪一朵花没有香？哪一次我的思潮里，没有你波涛的清响？"

她在《我的童年》这篇散文里说："一想到大海，心胸就开阔起来，宁静了下去！"

当时，婉莹全家所住的那栋房子北面的山坡上，有一座旗台，相当于一个岸上指挥台，是和海上的军舰通"旗语"

的地方。旗台的西边有一条山路，可以通到海边的炮台，炮台上装有三门大炮，炮台下面是海军的地下室。

最让小婉莹难忘的是，这里还驻有一支穿着白色海军服的军乐队。爸爸的海军同事们经常开着小汽艇来，接他们父女去听军乐练习。每次去，小婉莹都听得特别入神，从心底里羡慕那位神奇的乐队指挥。

有时候，小婉莹还跑到离家不远的海军训练营的门口，去和站岗的哨兵说话。这些哨兵不像军舰上的水兵那样穿着白色军装，他们的制服是蓝色衣裤，再加上蓝布包头，胸前有白线绣的“海军练勇”字样。

每次，小婉莹跟着爸爸走到营门口时，这些哨兵就会举枪立正，向爸爸致敬。爸爸进了营门后，就挥挥手叫小婉莹回去。可是,小婉莹等爸爸走远了,就会拉着那个哨兵蹲下来，一面好奇地抚摸他的枪，一面问：“你也打过海战吧？”

哨兵摇摇头，笑着说：“俺没有呢。”

“哦，我爸爸就打过，不过他打输了！”

这时候，哨兵马上站起来，扛起枪，用手拍着枪托子，说：“这我知道，你爸爸打仗的时候，俺还没当兵呢。你等着，总有一天,你爸爸还会带俺们去打仗的,俺们一定会打胜仗的,你信不信？”

这带着浓重胶东口音的话，深深印在了小婉莹的记忆里。

大海、军舰、海湾、炮台、旗台、营房、码头，还有周围高高的山坡、弯弯的山道……构成了婉莹童年时代的全部图景。

在一篇题为《海恋》的散文里，她回忆说：

我童年活动的舞台上，从不更换布景……在清晨我看见金盆似的朝日，从深黑色、浅灰色、鱼肚白色的云层里，忽然涌了上来，这时天空轰鸣，浓金泼满了海面，染透了诸天……在黄昏我看见银盘似的月亮颤巍巍地捧出了水平线，海面变成一层层一道道的由浓黑而银灰渐渐地漾成光明闪烁的一片……这个舞台，绝顶静寂，无边辽阔，我既是演员，又是剧作者。我虽然单身独自，我却感到无限的欢畅与自由。

等她稍稍长大一点之后，有一次，爸爸给她和她的弟弟讲述了一个令人难忘的故事——刘公岛的故事。

刘公岛是位于山东半岛最东端的威海湾口的一个小岛，就像镶嵌在碧波荡漾的海湾中的一颗灿烂的海上宝石。千百年来——据说从遥远的汉代就开始了，这座小岛上流传着一个动人的传说：

很久很久以前，有一队南方的商船正向北行驶。忽然，天气骤变，狂风大作，海天变成了迷茫的一片。

起初，船上的人一面与狂风恶浪搏斗，一面向苍天祈祷。后来，粮食和淡水渐渐用光了，船上的人们筋疲力尽了，有的晕倒在船舱里，有的蜷卧在船板上。在那一望无际、烟波茫茫的大海上，他们几乎已经绝望了……

不知道已经在海上漂流了多少天，有一天夜里，有人突然发现，前方似乎有一点点火光在闪动，就像一颗从遥远的天际渐渐移动而来的星星。

“啊，有救了！我们有救了！……”

全船队的人顿时欣喜若狂，挣扎着爬起来，拼命地向前划船。

火光越来越亮，越来越清晰……终于，他们看清了，前面是一座海岛。峻峭的海岬上，有一位白发苍苍的老人，正在狂风中艰难地摇动着火把……

船渐渐靠近了海岸，船民们跳下浅滩，扑向岸边，一个个摇晃着身子栽倒在海滩上。

这时，那位白发银须的老人急急忙忙地赶过来救起了大家，把他们一一背进自己海边的小屋里。不一会儿，老人又领来一位慈眉善目的老婆婆，给他们送上了热气腾腾的姜汤、面条和玉米饼子。

全船队的人在两位老人的悉心照料下，渐渐恢复了体力。他们个个热泪盈眶，对两位老人感激不尽。

风暴过去后，大海上又变得风平浪静了。不用说，商船又要启航了。这时候，两位好心的老人又给船队送来了一些米、面，给大家路上吃。船长过意不去，便和大伙儿悄悄商量，打算送一些从南方带来的礼品给两位老人。

可是，这时候，两位老人却不见了。他们找遍了整个小岛，始终没有再看到两位老人的身影……

后来，每当夜里海上起了风暴，这位白发银须的老人总会高高地举着火把，站在那个峭崖上，为海上的航船当向导。凡是船民迷途或遇险来到了岛上，也总会受到两位老人不求任何回报的周济和帮助。一传十，十传百。当地的渔民和在海上远航、途经这里的水手，都知道了这个故事。

于是，人们尊称两位老人为刘公、刘母，把镶嵌在威海湾口的这座小岛称为刘公岛。若干年后，人们为了纪念这两位善良的老人，又在这座岛上建造了一座祠庙，按照人们的回忆，制作了刘公和刘母的塑像，安置在庙内供奉。从此，南来北往的船只只要行驶到了刘公岛边，船民们必会登岸前来景仰拜祭一番……

现在，在刘公岛南岸那块峻峭的、伸向大海的海蚀岩上，又落成了一座再现刘公当年在风雨之夜为遇险船队举着火把的塑像：巨大的峭崖上，年老的刘公半跪在巨石上，年迈的躯体肌肉紧绷，右手攀紧岩石，左手高擎火把，饱经风霜的面庞吃力地歪向右侧，避开那迎面袭来的狂风巨浪……这使人觉得,这座刘公塑像,不仅仅是善良无私和坚强意志的化身,也象征着人类对漂泊在茫茫大海上的所有生命的指引与召唤。老人高举着的，也不仅仅是一支普通的火把，而是整个人类的慈善之灯、希望之灯、生命之灯……

爸爸每次讲这个故事的时候，小婉莹都会感动得眸子里含着晶莹的泪花。小婉莹看到，爸爸的眼睛里也含着眼泪。

原来，爸爸对刘公岛也有着深深的依恋之情。在小婉莹还没有出生的时候，有一年，刘公岛也曾拯救了爸爸的生命。

而这要从爸爸在北洋海军服役的经历说起了……

2 爸爸的大海

说起来，已经是那么遥远了……

大海茫茫，汽笛长鸣。一艘驶往遥远的西方的海轮，载着第一批中国海军留学生，踏上了远赴欧洲的求索之路……

当时正是清朝末年，鸦片战争惨败后，国内一批有远见卓识的青年志士，开始多方探索"师夷长技以制夷"的强国之策。

强国必先强兵，必须建立起一支能提振海威的"海上雄师"，这是关系到能否强国的当务之急。

1887 年（清光绪十三年）春节刚过，清政府就接到消息，朝廷斥巨资在英国和德国订购的四艘巡洋舰"致远号""靖远号”“经远号”“来远号”已经建造完成。

这可是装备北洋水师的“大国重器”啊！当时担任直隶总督兼北洋大臣的李鸿章闻讯后，立刻派人去欧洲接船。

婉莹的爸爸谢葆璋，当时已经以第一名的好成绩，从天津水师学堂毕业了，在“威远号”上实习期满后，正式进入了北洋舰队服役。幸运的是，他被选中跟随管带[1]邱宝仁，赴德国接引“来远号”回国。因为接舰有功，谢葆璋获得朝廷的奖赏，并留在“来远号”上任职。

1888年12月17日，在威海湾口的刘公岛上，清政府正式宣告，一支由铁甲舰队组成的海军力量“北洋水师”成立。

当时，北洋水师是清政府三大水师中最强大的一支，再加上广东、福建等地区的舰艇，中国海军的装备实力，在亚洲可以说是首屈一指了。清政府希望通过这些强大的水师，彻底扭转几十年来被西方列强欺凌的局面。

在甲午战争爆发前夕，清政府对日本这个海上小国，一直抱着藐视的态度。但是，当时的日本明治天皇，却有着要“开拓万里波涛，布国威于四方”的野心。日本把从国外购回的每一艘军舰的炮口，都暗暗地对准了海岸对面的大清帝国。也就是说，日本天皇要“开拓”的目标，实际上就是自

[1] 管带，清代军事职官名称，海军舰长亦用此称。——编者注

己的近邻朝鲜和中国。

1894年（清光绪二十年）春天，朝鲜爆发了农民起义，朝鲜国王请求清朝政府派兵支援镇压。

清军到达朝鲜牙山后，早已蠢蠢欲动的日本，也觉得时机来了。他们趁机迅速派兵入侵朝鲜，很快就占领了汉城。

7月25日，日军肆无忌惮地在牙山袭击了清军，挑起了战争。8月1日，清政府对日宣战，派兵渡过鸭绿江，进驻了平壤。

9月17日，北洋水师的运兵船在回程路上，遇上了日本舰队。一时间，在鸭绿江口大东沟附近的黄海海面，双方数百门大炮你来我往，炮声震天。一场酝酿了几十年的殊死海战打响了。

因为这一年是农历甲午年，史书上就把这场赫赫有名的战争称为“甲午战争”。

这场大海战中的日军舰队，是每一位北洋水师官兵遇到过的最强大的对手。此刻他们都还不知道，这个强大的对手，既是北洋水师成立后所遭遇的第一个对手，也将成为他们最后的对手。

原来，在过去的十多年里，日本的军舰早已有了很大的改进，可以说是世界上最先进的军舰，射炮速度足有北洋水师的射炮速度三倍还多。更糟糕的是，北洋水师舰船上的弹药，大多已经老化了，射出去的炮弹有不少是爆炸不了的“哑弹”。那些原本应该用于购置新军舰和弹药的军费，竟然被腐败的朝廷挪用在为慈禧太后建造舒适的楼阁、置办奢华的寿宴上了。

结果，正像李鸿章所担心和惧怕的那样，北洋水师的炮弹，无法抗击强大的日本联合舰队。日本舰队里虽有“松岛”“吉野”“比睿”“赤城”“西京丸”五艘战舰也受到了重创，但日本联合舰队没有一艘战舰被击沉。倒是北洋水师的战舰阵势，不久就被日军打散了。

在“定远号”旗舰上指挥海战的，是北洋海军提督丁汝昌将军。因为旗舰被炮弹击中，舰桥震裂，他从空中跌落，身受重伤。

可是，北洋水师的爱国官兵们，在敌人猛烈的炮火中毫无惧色，斗志勇猛。他们已经下定决心：舰在人在，舰亡人亡，誓死与日军血战到底！

当“定远号”被炮火打得遍体鳞伤、浓烟滚滚的时候，另一艘战舰“致远号”，冒着炮火紧急赶来增援。在“致远号”上指挥战斗的是另一名海军大将邓世昌将军。

当邓世昌指挥着“致远号”赴汤蹈火，驰来保护旗舰“定远号”的时候，日本的“吉野号”等四艘军舰也正在开足马力，向“定远号”逼近。交战一个多小时之后，“致远号”中弹数处，水线下也受到了重创，舰身开始倾斜。

紧急关头，为了保护“定远号”，邓世昌怒视敌舰，意志坚定地对将士们说道：“吾辈从军卫国，早已把个人的生死置之度外，今日之事，一死而已！”

于是，他下令：“全速前进！把‘吉野号’给我撞沉！”

在舰桥上，邓世昌紧握着舵轮，高喊着：“最高速！向‘吉野’冲！”

此时，甲板上的将士们抱着与敌舰同归于尽的决心，纷纷面向祖国的方向跪了下来……

就在“致远号”快要撞向敌舰“吉野号”的时候，突然，不幸的事情发生了！全速前进的“致远号”碰上了敌舰抛出的一枚鱼雷，整个舰身燃起了大火，邓世昌将军不幸坠下了火光映照的大海，壮烈殉国了。“致远号”上的200多名将士，除了27人获救外，其余全部随邓将军殉难了。

在这期间，谢葆璋所在的“来远号”也中弹200多颗，舰身大火弥漫！危急时刻，谢葆璋奉命驾舰冲出了日本军舰的包围圈，驶向了大鹿岛附近灭火施救……

黄海大战持续了五六个小时。北洋水师虽然损失惨重，但也给了日军舰队沉重的打击。日本旗舰眼看着也失去了指挥能力，最后整支舰队只好趁着暮色仓皇逃窜了。

让大家感到惊奇的是，谢葆璋驾驶着身受重创、伤痕累累的“来远号”，竟然驶回了旅顺基地，总算为北洋水师保全了这条军舰的生命。

可是，就在这时，李鸿章犯了一个致命的错误。为了保存海军的实力，他在黄海大战之后，下令北洋舰队全部驶入威海湾内，不准再出海迎敌。结果，日本几乎不费吹灰之力就获得了对黄海的控制权。

不久，已经获得了黄海和渤海湾控制权的日军，在山东荣成湾登陆,包围了威海,日本的军舰同时也从海上加以封锁，北洋水师陷入了海面和陆地的四面包围之中。北洋水师提督丁汝昌坐镇指挥的刘公岛,旋即成了一座孤立无援的“孤岛”。

这时候，日本联合舰队司令给丁汝昌写来一封信，劝他投降。

丁汝昌大义凛然，严词拒绝了。同时，丁汝昌驰电李鸿章，希望得到援兵，结果等来的一纸电文上却写着“援兵无期”四个字。

2 月 6 日凌晨，日本的一艘鱼雷艇，潜入湾内偷袭。“来远号”不幸中了鱼雷，舰身翻转，顷刻就沉没了。旗舰“定远号”也中雷搁浅，继续做“水炮台”使用。

谢葆璋和舰上的将士们猝不及防，纷纷落入了冰冷的海水中。幸运的是，军舰失事的地方离刘公岛不远，谢葆璋等人就像传说中的在海上遇险的船民一样，拼命向刘公岛游去。

最终，他们游到了岸边，刘公岛也成了救护他们生命的小岛……

10日，“定远号”上的全部弹药打尽了。为了防止受伤的军舰落入敌手，丁汝昌下令用鱼雷炸沉了已经搁浅的“靖远号”和“定远号”。

望着自己心爱的军舰在苍茫的海面上慢慢下沉，丁汝昌将军悲愤难禁，仰天长叹道：“唯有船没人尽而已！”

午夜时分，他在缓缓下沉的指挥舰上，壮烈地自杀殉国了！

甲午海战，是中华民族抗争历史上的一曲悲歌。北洋水师几乎全军覆没。幸存下来的官兵，全部被朝廷遣散，谢葆璋也回到了家乡福州。

婉莹小的时候，每次听爸爸讲甲午海战，她都能看到，爸爸的眼睛里有泪光闪烁。她知道，在爸爸的心里，甲午年的隆隆炮火声一定时刻都在回响……

就在小婉莹出生后的第二年，1901年（清光绪二十七年）5月，已经在家乡赋闲数年的谢葆璋，应一位福建籍的海军前辈、中国早期海军史上的著名将领萨镇冰将军的召唤，登上了重整旗鼓之后的北洋海军“海圻号”巡洋舰，担任副舰长。舰长就由萨镇冰将军亲自担任。

原来，在甲午战争惨败之后，清政府深深明白了建立一支强大的海军的重要性。于是，朝廷再次开始四处购买军舰，重建北洋海军。

当时，清政府先后从德国购回了“海荣”“海筹”“海琛”三艘巡洋舰，从英国购回了“海天”“海圻”两艘巡洋舰。再加上甲午战争前订购、战后才交货的“飞鹰”和“飞霆”，战后订货、民国成立后才交货的“应端”“肇和”两艘巡洋舰，这一轮购买的军舰，竟然有四十多艘！

其中最引人注目的，就是“海天”和“海圻”这两艘“姊妹舰”。它们是当时中国吨位最大的军舰，“海圻”的吨位是4300多吨，配有21门大炮，舰上有近500名官兵。这艘军舰当时被誉为“天字一号艨艟”，是北洋海军的“镇海之宝”。

担任首任舰长的萨镇冰将军，是中国海军史上赫赫有名的将领。他是清朝政府早期派往西方学习海事的有志青年之一，曾于1876年冬天，与叶祖珪、刘步蟾、方伯谦、严复等人一起，进入英国格林尼茨皇家海军学院学习轮船驾驶。临行前，他的父亲题诗为他壮行：“家有健儿驰海上，国御顽夷赖栋梁”。

从英国留学归来后，他先是在天津北洋水师学堂担任教习，后来又担任北洋海军副统领（副司令），并创建了著名的烟台海军学校。此后，他还担任过清政府海军统制（总司令）、民国海军总长等重要军职，还曾代理过国务总理。

历史上赫赫有名的一代名舰“中山舰”，最初的名字叫“永丰号”，就是当时担任北洋海军提督的萨镇冰，为了重建在甲午战争中全军覆没的北洋水师，特意从国外购回的一批军舰之一。

这艘著名的炮舰，是萨镇冰在日本长崎订购的。1910 年（清宣统二年）的一天，身为清廷北洋海军提督的萨镇冰，和日本三菱造船厂的厂长、工程师等人，站在这艘崭新的军舰的开阔甲板上交货接货。萨镇冰一脸威严，浑身正气，他一边抽着黑色的烟斗，一边打量着这艘威武的军舰。日方的工程师在一边介绍说：“将军，这是到目前为止，我们造出来的最好的炮舰了！我知道，将军是英国格林尼茨皇家海军学院毕业生中的翘楚，那么，能够为您这样的海军大将效力，不仅是我们三菱造船厂的荣幸，也是我个人的荣幸！”

萨镇冰一一巡视和抚摸着那高指蓝天的一门门崭新的大炮，说：“我们中国有两句古诗，‘愿欲一轻济，惜哉无方舟’。

现在有了这样的铁甲船舰，在下可以一偿多年的夙愿了：‘闲居非吾志，甘心赴国忧’。”

日方工程师连忙附和说：“啊，我懂，我懂。”

日方厂长问道：“请问将军，贵国将如何命名这艘耗资不菲的军舰？”

萨镇冰回答说：“拟以‘永丰’为号，取羽毛丰满之意。”

日方工程师听了，连表称赞：“是啊是啊，这艘大船的确就像一只即将展翅飞翔的海鹰，请允许我也用两句中国古诗来为萨将军壮行：‘长风破浪会有时，直挂云帆济沧海’！”

萨镇冰说：“我们后会有期！”

巨大的铁锚哗然出水，“永丰号”乘风破浪驶离了长崎岛，海鸥追逐在军舰舰尾。萨镇冰将军站在船头甲板上，一边抽着烟斗，一边望着茫茫大海。军舰高高的烟囱冒着滚滚浓烟。

萨镇冰把崭新的“永丰号”从日本长崎接回吴淞口后，“永丰号”被编入北洋政府海军第一舰队服役。一代名舰波澜壮阔的航程从此开始……

“永丰号”后来改名“中山舰”，在抗日战争初期，重创日本侵略者，为保卫武汉立下了汗马功劳。而当时担任“中山舰”舰长的抗日名将萨师俊，正是萨镇冰将军的后代。

1937 年抗战初期，冰心在她的散文《记萨镇冰先生》里这样写道：

> 萨镇冰先生，永远是我崇拜的对象，从六七岁的时候，我就常常听见父亲说：‘中国海军的模范军人，萨镇冰一人而已。’从那时起，我总是注意听受他的一言一行，我所耳闻目睹的关于他的一切，无不加增我对他的敬慕。时至今日，虽然有许多儿时敬仰的人物，使我灰心，使我绝望，而每一想到他，就保留了我对于人类的信心，鼓励了我向上生活的勇气。

就像自己的爸爸一样，萨镇冰将军也是婉莹童年时代里记忆极为深刻、成年后也对她影响极大的人物之一。

婉莹从很小的时候就明白了，爸爸和萨镇冰将军这一代中国男儿心中的那片大海，是记录着中华民族的耻辱与悲愤的大海，也是翻卷着中华民族英勇不屈的壮志与信念的大海！

3 母爱的乐章

读过冰心写的《寄小读者》的人，也许都会记得她在《通讯十》那封信里写到的，她小时候坐在妈妈身边，挽住妈妈的衣袖，听妈妈讲她幼儿时的故事的情景……

她这样记述着妈妈给她讲过的话：

“有一次你病得重极了，地上铺着席子，我抱着你在上面膝行。正是暑月，你父亲又不在家；你断断续续说的几句话，都不是三岁的孩子所能够说的。因着你奇异的智慧，增加了我无名的恐怖。我打电报给你父亲，说我身体和灵魂上都已不能再支持。

忽然一阵大风雨，深忧的我，病重的你，和你疲乏的乳母，都沉沉的睡了一大觉。这一番风雨，把你又从死神的怀抱里，接了过来。”

我不信我智慧，我又信我智慧！母亲以智慧的眼光，看万物都是智慧的，何况她的唯一挚爱的女儿？

“头发又短，又没有一刻肯安静，早晨这左右两个小辫子，总是梳不起来。没有法子，父亲就来帮忙：‘站好了，站好了，要照相了！’父亲拿着照相匣子，假作照着，又短又粗的两个小辫子，好容易天天这样的将就的编好了。”

冰心在这篇通讯里所写的，是在她一两岁的时候，她们全家从福州搬到上海，住在上海的寿昌里时的一段时光。

那时候，她的爸爸谢葆璋作为“海圻号”的副舰长，要经常远航，有时候要隔好几个月才能休假回家。爸爸一回到家，就是全家人最快乐的日子。

爸爸喜欢摆弄照相机，经常会给家人拍下一些照片。冰心在回忆散文《我的童年》里，这样描述当时留在一张照片里的妈妈的形象：

年轻的母亲穿着沿着阔边的衣裤，坐在一张有床架和帐楣的床边上，脚下还摆着一个脚炉。我就站在她的身旁，头上是一顶青绒的帽子，身上是一件深色的棉袍。

小婉莹长大一些后，牢牢地记住了爸爸的那个照相机，它竟然有现在的卫生员背的药箱那么大。爸爸还有许多冲洗相片的器具，例如玻璃漏斗、玻璃板，等等。从那时候留下的照片里看，小婉莹的头上总是梳着两个小辫子，照相的时候总是安安静静、规规矩矩，两手按在膝头，一动也不动的样子，手腕和脚腕上还戴着银镯子。

小婉莹还有一位乳母，爸爸妈妈称她为吴嫂。吴嫂是和婉莹的妈妈一起从福州来到上海的。小婉莹就是喝着乳母的乳汁长大的。

在上海那两三年里，每当炎热的夏日黄昏来临，只要爸爸在家，就会带着小婉莹和她的妈妈，坐上马车到外滩去兜风，顺便也“白相白相”[1]黄浦江上的夜景。

坐在爸爸的马车上，依偎在妈妈的怀抱里的时光，是小婉莹觉得最幸福的时候。小婉莹很爱妈妈。她隐隐约约地记

[1] 白相白相，方言，游览、玩耍、看光景的意思。——编者注

得，住在上海寿昌里的那两年里，妈妈还为她生过一个小妹妹，可是没几天就夭折了。刚开始那几天里，小婉莹还常常搬过一张凳子，爬上床去亲小妹妹的小脸蛋，可是几天后，床上就没有小妹妹了。

小婉莹不明白发生了什么事，就问："妹妹哪里去了？"

祖父告诉她说："妹妹逛大马路去了。"

不过，这个小妹妹从此就再也没有"回来"。

稍稍长大了一点之后，小婉莹就深深懂得了，这个小妹妹的夭折，一定给妈妈带来过难以言说的悲伤，这就让她更加从心底里深深地爱着自己的妈妈！

她在《寄小读者·通讯十》里，在写到聆听了妈妈给她讲的若干自己幼儿时的故事之后，这样表达了对妈妈的敬爱：

> 当她说这些事的时候，我总是脸上堆着笑，眼里满了泪，听完了用她的衣袖来印我的眼角，静静的伏在她的膝上。这时宇宙已经没有了，只母亲和我，最后我也没有了，只有母亲。因为我本是她的一部分！
>
> …………
>
> 小朋友！当你寻见了世界上有一个人，认识你，

知道你，爱你，都千百倍的胜过你自己的时候，你怎能不感激，不流泪，不死心塌地的爱她，而且死心塌地的容她爱你？

有一次，幼小的婉莹忽然走到妈妈面前，仰着小脸问道：“妈妈，你到底为什么爱我？”

这时候，妈妈放下正在做的针线活儿，百般疼爱地用自己的面颊抵着小婉莹的额头，温柔地、一点也没有迟疑地说道：“傻囡囡，不为什么，就因为你是妈妈的女儿呀！”

长大后，这一幕一直留在冰心的脑海里。她写道：

小朋友！我不信世界上还有人能说这句话！“不为什么”这四个字，从她口里说出来，何等刚决，何等无回旋！她爱我，不是因为我是“冰心”，或是其他人世间的一切虚伪的称呼和名字！她的爱是不附带任何条件的，唯一的理由，就是我是她的女儿。总之，她的爱，是摒除一切，拂拭一切，层层的麾开我前后左右所蒙罩的，使我成为“今我”的原素，而直接地来爱我的自身。

…………

天上的星辰，骤雨般落在大海上，嗤嗤繁响。海波如山一般的汹涌，一切楼屋都在地上旋转，天如同一张蓝纸卷了起来。树叶子满空飞舞，鸟儿归巢，走兽躲到他的洞穴。万象纷乱中，只要我能寻到她，投到她的怀里……天地一切都信她！她对于我的爱，不因着万物毁灭而更变！

她的爱不但包围我，而且普遍的包围着一切爱我的人；而且因着爱我，她也爱了天下的女儿，她更爱了天下的母亲。小朋友！告诉你一句小孩子以为是极浅显，而大人们以为是极高深的话："世界便是这样的建造起来的！"

是妈妈对孩子的无限的疼爱，是妈妈和女儿之间水乳交融的感情交流，培养了小婉莹细腻、善良和同样无限丰富的爱心。等到她长大，成为作家之后，无私的母亲和伟大的母爱，成了她一生中都在回味、感恩、赞美和咏唱的一个永恒的主题。

在《寄小读者》里，我们不时地看到她对母亲的歌唱：

母亲，你是大海，我只是刹那间溅跃的浪花。虽暂时在最低的空间上，幻出种种的闪光，而在最

短的时间中，即又飞进母亲的怀里。（《寄小读者·通讯二十八》）

我挚爱恩慈的母亲。她是最初也是最后我所恋慕的一个人。我提笔的时候，总有她的颦眉和笑脸涌现在我的眼前。她的爱，使我由生中求死——要负担别人的痛苦；使我由死中求生——要忘记自己的痛苦。（《寄小读者·四版自序》）

在她的诗集《繁星》里，我们也能感受到浓浓的母爱的温暖，感受到母爱的无私、宽广与神奇的力量。

母亲呵！
天上的风雨来了，
　　　　鸟儿躲到他的巢里；
心中的风雨来了，
　　　　我只躲到你的怀里。

（《繁星·一五九》）

母亲呵！

撇开你的忧愁，

容我沉酣在你的怀里，

只有你是我灵魂的安顿。

（《繁星·三三》）

她的《春水》“自序”，也是一段献给母亲的心声：

母亲呵！

这零碎的篇儿，

你能看一看么？

这些字，

在没有我以前，

已隐藏在你的心怀里。

（《繁星·一二〇》）

说到“字”，婉莹小时候认字读书时，妈妈是她最好的老师。细心的妈妈把一些简单的字写在识字卡片上，每天教她认识几个，小婉莹称它们为“字片”，认“字片”是妈妈给她上的“日课”。

有一次，小婉莹因为贪玩，妈妈教给她的几个字，她好几天都没有记住，妈妈就假装生气了，把她关在小屋里，叫她认好了再出来，小婉莹却挣扎着要出去玩。这时候，爸爸也在小屋外面，“配合”着妈妈，用马鞭子重重地敲着外面的桌子，吓唬小婉莹。不过，妈妈的责备、爸爸的马鞭子，从来也没有真的落到小婉莹的身上，也从来没有把她爱动、贪玩的天性给吓唬回去。

多年之后，冰心在诗歌《纸船——寄母亲》里这样写道：

我从不肯妄弃了一张纸，
　总是留着——留着，
叠成一只一只很小的船儿，
　从舟上抛下在海里。

有的被天风吹卷到舟中的窗里，
　有的被海浪打湿，沾在船头上。
我仍是不灰心的每天的叠着，
　总希望有一只能流到我要它到的地方去。
母亲，倘若你梦中看见一只很小的白船儿，
　不要惊讶它无端入梦。

这是你至爱的女儿含着泪叠的，

万水千山，求它载着她的爱和悲哀归去。

冰心的朋友、文学家巴金在一篇文章里，曾这样说到自己阅读冰心作品时的一个感受："我们喜欢冰心，跟着她爱星星，爱大海，我这个孤寂的孩子在她的作品里找到了温暖，找到了失去的母爱。"

可以说，母亲和母爱，是冰心所有作品里最温暖、最真挚、也最富有感动力量的优美乐章。

4 小书迷

古人曰：人生识字忧患始。意思是说：人一生的忧愁和心事，是从识字开始的。这是因为，一个人识字以后，从书中增长了见识，对周围事物就再也不会无动于衷了。

我们在前面说过，婉莹很小的时候，妈妈就教她识字、读“字片”。到四岁的时候，她就能认得两三百个汉字了。

多年之后，她在《童年杂忆》一文里说：“感谢我的母亲，在我四五岁的时候，在我百无聊赖的时候，把文字这把钥匙，勉强地塞在我手里。到了我七岁的时候，独游无伴的环境，迫着我带着这把钥匙，打开了书库的大门。”

也是因为能识字、念句了，所以她一直记得全家人住在烟台海边时，家里曾经挂着这样一副对联：

此地有崇山峻岭茂林修竹

是能读三坟五典八索九丘

那时候，爸爸正忙着拟定筹建海军学校的方案，而她总是喜欢缠在爸爸身边，说这问那的：

“‘崇山峻岭’是什么意思呀？”

“什么叫‘三坟五典八索九丘’呀？”

这时，爸爸就会笑着对婉莹的妈妈说：“不得了，不得了！你看你这个女儿，你刚刚教会她识得了几个字，就喜欢打破砂锅问到底了！这可真是应了古人的那句话了：‘人生识字忧患始’啊！”

说完，爸爸只好停下手里的事儿，拿起一支毛笔，写写画画的，一个字、一个字地给小婉莹解释那副对联的意思。

小婉莹也拿起一支毛笔，坐在爸爸身旁，一边学着认字，一边学着写写画画，没过多久，对联上的22个字她就都会念会写了，虽然当时她还不是真的明白，这“三坟五典八索九丘”究竟是什么意思，出自哪几本古书。

1906年，婉莹的大弟弟谢为涵出生后，他们全家搬到了

1908年，冰心（左）和大弟谢为涵（中）与父亲在烟台合影。

烟台东山北坡上的海军医院居住了。这时候，爸爸把婉莹的舅舅杨子敬从福州邀来烟台，帮自己做一些文书工作。

小婉莹很喜欢舅舅，因为舅舅很有学问，对她又是有求必应、非常疼爱。舅舅一来，小婉莹的“老师”就不再是妈妈，而是舅舅了。舅舅家里也有几个孩子，他们家也住在这所海军医院的三间正房里。

爸爸和舅舅在家里给孩子们办了一个“家塾”，相当于“家庭学校”吧。小婉莹白天就在家塾里上学，念一点书，学着写一些短句子；放了学，等爸爸也从训练营里回来，就让爸爸教她打枪、骑马、划船。到了晚上，她就跟着爸爸坐在山坡上，看着在星空下泛着白浪的大海。爸爸也经常指点着星空，告诉小婉莹，牛郎织女星在哪里，北斗星又在哪里。

1908 年，妈妈又给小婉莹生了一个小弟弟，就是婉莹的二弟谢为杰。这时候他们又搬了一次家，搬到海军学校后面的新房子里了。

这所房子有东西两个院子，西院一排五间房是他们家和舅舅一家合住的。在他们家住的这一边，爸爸又在东头朝着大海的方向添盖了一间楼房，一上楼就能看见大海。

冰心后来在《海恋》一文里描写过在楼上所望见的景色：

右边是一座屏障似的连绵不断的南山，左边是一带围抱过来的丘陵，土坡上是一层一层的麦地，前面是平坦无际的淡黄的沙滩。在沙滩与我之间，有一簇依山上下高低不齐的农舍，亲热地偎倚成一个小小的村落。在广阔的沙滩前面，就是那片大海！这大海横亘南北，布满东方的天边，天边有几笔淡墨画成的海岛，那就是芝罘岛，岛上有一座灯塔……

这个时候，婉莹已经七八岁了，认识的字更多了，自己也可以在爸爸的书房里找书看了。

当时她首先拿到手的，是《三国志》和《聊斋志异》。这是因为，舅舅给她讲过的最精彩的故事，就是《三国志》里的故事。那些故事让小婉莹听得入了迷，什么“董太师大闹凤仪亭”啦，什么“诸葛亮草船借箭”啦，还有“诸葛亮借东风”，等等。

除了舅舅讲的三国故事，那时候爸爸也有好几次带着小婉莹去逛烟台的天后宫，到那里听戏。其实爸爸并不真的喜欢听戏，只因为小婉莹喜欢听三国故事，所以爸爸就特意带她到戏园里，“点戏”给她听，点的戏当然也是三国故事，如《草船借箭》《群英会》《华容道》等。小婉莹只要一看见是

《三国志》书里的人物走上了舞台，即使听不懂那些戏词，也会激动得不时欢呼起来，起劲地拍着小巴掌。

除了《三国志》，她还十分喜欢《聊斋志异》。她在《童年杂忆》里回忆说：

《聊斋志异》真是一本好书，每一段故事，多的几千字，少的只有几百字。其中的人物，是人、是鬼、是狐，都有自己独特的性格，每个“人”都从字上站起来了！看得我有时欢笑，有时流泪，母亲说我看书看得疯了。不幸的《聊斋志异》，有一次因为我在澡房里偷看，把洗澡水都凉透了，母亲气得把书抢过去，撕去了一角，从此后我就反复看着这残缺不全的故事，直到十几年后我自己买到一部新书时，才把故事的情节拼全了。

此后是无论什么书，我得到就翻开看。即或不是一本书，而是一张纸，哪怕是一张极小的纸，只要上面有字，我就都要看看。我记得当我八岁或九岁的时候，我要求我的老师教给我做诗。他说做诗要先学对对子，我说我要试试看。他笑着给我写了三个字，是“鸡唱晓”，我几乎不假思索地就对上个

“鸟鸣春”，他大为喜悦诧异，以为我自己已经看过韩愈的《送孟东野序》。其实“以鸟鸣春，以雷鸣夏，以虫鸣秋，以风鸣冬”这四句话，我是在一张香烟画的后面看到的……

当时，爸爸的一些朋友和同事都知道谢葆璋的女儿会“讲三国”。逢到爸爸带着婉莹到军舰上玩时，爸爸的同事们就会把婉莹抱到中间的圆桌子上，大家围着她，叫她开讲三国故事。这让小婉莹从心底里感到快乐和得意，爸爸也为自己的女儿感到自豪。

除了“讲三国”，这时候的小婉莹还学着三国故事的写法，悄悄写起了“白话小说”呢！

多年后，冰心回忆说，她小时候写的第一篇“白话小说”，名字叫《落草山英雄传》，那是一篇介乎《三国志》和《水浒传》之间的故事。可惜的是，小婉莹只写到第三回就停止了。这是因为，仅仅“金鼓齐鸣，刀枪并举”这个句子，她就重复使用了几十次，连她自己都觉得写得没劲了。不过，没过多久，她又学着《聊斋志异》的写法，用半文言、半白话的句子，写了一篇《梦草斋志异》。她记得开头一句是：“某贤者，多行不道……”，结果也是写着写着就觉得没劲，再也写不下去了。

除了看书、学着写小说，这时候的小婉莹还喜欢到附近的海滩上闲逛。她记得，海滩上有一座小小的龙王庙，庙门上长年贴着一副对联："群生被泽，四海安澜"。当然，那时候她也不懂得这写的是什么意思。但是，对美好的文字的好奇、敏感的记忆，从小时候起就一直伴随着她。

有一天午后，妈妈因为做家务活儿疲惫了，稍微午睡了一小会儿，醒来后到处找不到小婉莹。妈妈很着急，找到了不远处一个地方，看见小婉莹正独自呆呆地坐在那里，对着大海出神呢！

"可怜的、寂寞的小人儿！"妈妈心疼得赶紧跑上前去，把小婉莹紧紧地搂在自己怀里。小婉莹看到，妈妈的眼里含着又疼爱又欢喜的泪水……

我们在前面说到过，在婉莹很小的时候，爸爸给她讲述过刘公岛上的刘公、刘母的故事，让她一直难以忘怀，所以，她对烟台海边的灯塔，也总是怀有独特的感情。她家的那间能够望见大海的楼房，是她最喜欢一个人待的地方。这是因为，从这里可以看见远处的一座灯塔。尤其是在风雨之夜，当她独自倚栏凝望着灯塔上一闪一闪、转个不停的光束时，她的心里就会有一种无限的温暖和快慰的感觉，让她一次次想到刘公岛上的那位老公公在风雨之夜里高举的火把……

两个弟弟出生后，因为年龄太小，小婉莹跟他们玩不到一块儿去。在家塾里一起读书的表哥们，又比她大得多，他们和小婉莹也玩不到一块儿。所以，这时候的小婉莹，更喜欢在山坡和海滩上独自漫游。

她在《我的童年》里说到了她这时的生活和心灵状态：

我常常一个人走到山上海边去。那是极其熟识的环境，一草一石，一沙一沫，我都有无限的亲切。我常常独步在沙岸上，看潮来的时候，仿佛天地都飘浮了起来！潮退的时候，仿佛海岸和我都被吸卷了去！童稚的心，对着这亲切的“伟大”，常常感到怔忡。黄昏时，休息的军号吹起，四山回响，声音凄壮而悠长，那熟识的调子，也使我莫名其妙的要下泪，我不觉得自己的“闷”，只觉得自己的“小”。

因着没有游伴，我很小就学习看书，得了个“好读书，不求甚解”的习惯。我的老师很爱我，常常教我背些诗句，我似懂似不懂的有时很能欣赏。比如那“前不见古人，后不见来者。念天地之悠悠，独怆然而涕下。”我独立山头的时候，就常常默诵它。

好在不久，家塾里来了一个小姐姐，成了她幼年时代的第一个女伴。这个小姐姐名叫李梅修，是爸爸的同事李毓丞伯伯的女儿。梅修只比小婉莹大两岁，可是在妈妈眼里，却比婉莹要文静得多。

这两个小姑娘真是一见如故，立刻就成为了好朋友。每次来家塾上课时，梅修总把自己的书桌和小婉莹的书桌摆在一起，两个人好得难分你我。她们还一起学会了玩“过家家”“翻绳花”,用手绢叠“小老鼠”等游戏。玩“过家家”时，两个小姑娘轮流在自己“家”里“做饭”，互相邀请对方，吃着各自带来的饴糖、小饼干之类的零食。梅修小姐姐的到来，给小婉莹的童年带来了许多的甜蜜和欢乐。

令人惋惜的是，仅仅几年之后，1911年，当小婉莹一家从烟台搬到福州居住时，爸爸收到了李伯伯的来信，说是梅修小姐姐患病亡故了。这个噩耗让小婉莹感到十分难过，一夜未眠。她在深夜里含着眼泪写下了一篇《祭亡友李梅修文》，寄给了李伯伯，表达了自己对梅修小姐姐的痛惜和悼念之情。

在童年时期，另一位给小婉莹留下了快乐和美好记忆的人，是她的小舅舅杨子玉先生。子玉舅舅是小婉莹的外叔祖父杨颂岩老先生的儿子，当时正在唐山路矿学堂念书，夏天就到烟台这里来过暑假。

冰心在《我的童年》里这样写道：

> 小舅舅是我们这一代最欢迎的人，他最会讲故事，讲得有声有色，他有时讲吊死鬼的故事来吓唬我们，但是他讲得更多的是民族意识浓厚的故事，什么洪承畴卖国啦，林则徐烧鸦片啦等等，都讲得慷慨淋漓，我们听过了往往兴奋得睡不着觉！他还拉我的父亲和父亲的同事们组织赛诗会，就是：在开会时大家议定了题目，限了韵，各人分头做诗，传观后评定等次，也预备了一些奖品，如扇子、笺纸之类。赛诗会总是晚上在我们书斋里举行，我们都坐在一边旁听。

当时，小婉莹的爸爸作的是一首题目叫《咏蟋蟀》的诗，诗的第一句小婉莹没有记完全，后面的都记住了：

庭前……正花黄，
床下高吟际小阳。

笑尔专寻同种斗，
争来名誉亦何香。

还有一首题目是《咏茅屋》的诗，她也只记得两句：

久处不须忧瓦解，
雨余还得草根香。

除了记住了这些句子，小婉莹还记住了小舅舅和爸爸关于作诗的一番对话。

小舅舅笑着说："你们军人作诗，总是解脱不了军人的本色。"

爸爸也笑着说："诗言志嘛，我想到什么就写什么，当然用词就比不上你们文人那么文雅了。"

虽然是带有一点玩笑的意思，但是，小婉莹知道，小舅舅是很欣赏爸爸的"军人本色"的。

像这样的赛诗会，小舅舅、爸爸以及爸爸的同事们往往会一直举行到深夜才结束，只不过小孩子们熬不到那个时候，大都早早地就睡去了。

小舅舅每次来过暑假，都会带来一些新书。不过，有些书小舅舅是不让孩子们看的。越是不让看，小婉莹就越想看。表哥们还故意怂恿她说：“偷吃的肉，味道才香呢！”

于是，一贯有着“野孩子”性格的小婉莹，就大着胆子去偷来这些“禁书”看。原来，那些书都是当时“同盟会”的宣传册子，孩子们根本就看不懂。小婉莹和表哥们偷偷地翻了翻，又赶紧偷偷地送回了原处。

婉莹十来岁时，开始学习《论语》、《左传》和《唐诗三百首》了。同时，她还悄悄地读完了全部的“说部丛书”，还有《再生缘》《天雨花》《儿女英雄传》《说岳全传》《东周列国志》等通俗小说。婉莹很喜欢这些通俗小说曲折动人、七字一句的押韵故事，包括那些“大团圆”的结局。这些通俗小说给她留下了这样一个印象：书中的主要角色，都是很有才干的女孩子，例如《再生缘》中的孟丽君，《天雨花》中的左仪贞。

她也很喜欢当时商务印书馆出版的“说部丛书”，对其中英国名作家狄更斯的《块肉余生述》（即《大卫·科波菲尔》）爱不释手，反复读了好多遍。每次读到可怜的大卫从虐待他的店主那里出走，旅途中饥寒交迫的时候，她就会为他流下同情的眼泪，一边流泪，一边掰着妈妈给她当点心吃的小面包，一块一块地往自己嘴里塞，好像在用这种方法来体会自己是比大卫幸福的孩子一样。

有一次，她的这个举动被妈妈看到了，妈妈说：“你这孩子，真奇怪呀！有书看，有东西吃，还哭个什么呢？”

5 “烟台是我们的”

冰心晚年的时候，在写给著名童话家、《小溪流的歌》的作者严文井的一封信上说，小时候，她的小舅舅一心要把她培养成一个才女，教她学习琴、棋、书、画，可是最终一样也没有学成。接着，她告诉严文井说：“我从小男装，是个坐不住的孩子。”

冰心在这里所说的前一句话里，带有谦虚的意思，后一句话倒是比较真实的。她小时候的确是一个“坐不住的孩子”。她甚至觉得自己像一个“野孩子”。

她从心底里感激自己的父母亲，从小就保护和培养了她“返乎自然”的天性和习惯，给了她一个快乐、自由、恣意和无拘无束的成长环境。就因为这样，在她长大之后，在任何环境里，她都能自足、知足。她在散文《我的童年（一）》里说："我尊敬生命，宝爱生命，我对于人类没有怨恨，我觉得许多缺憾是可以改进的，只要人们有决心，肯努力。"她认为，一个幼小的生命，就像是一张白纸，无所谓痛苦，也无所谓快乐。"我们的人生观，都是环境形成的。相信人生是向上的人，自己有了勇气，别人也因而快乐。"

我们在前面说到过，童年时住在海边，身为军人的爸爸常常带她登上军舰，给她指点着军舰上的一切。这使得小婉莹对军舰上处处都是整齐、清洁、光亮、雪白的设施，有着说不出的赞叹和羡慕。

因为有一位海军军官爸爸，她小时候经常能听到爸爸的一些同样是海军军官的朋友和同事的谈话，如萨镇冰将军、黄赞侯将军，还有后来成为"中华民国"第一任海军部长的黄钟瑛上将等，知道一些他们的故事。

这些职业军人都是又严肃、又和蔼的人，在生活上和日常行为上能用最严格的纪律规范自己，同时又是那样恬淡风趣，经常聚在一起吟诗作对。观察着这些军人的行为举止，在耳濡目染中，小婉莹暗暗羡慕着他们、崇拜着他们。她曾说，她那时候的理想，就是想像爸爸和萨镇冰将军那样去成长、去生活。

这种生活一直持续到她 11 岁，直到她跟着家人离开烟台回到故乡福州后，才发生了新的转变。后来她在《我的童年（一）》一文里回忆说，11 岁以前的“训练”如果再继续下去的话，她的性格可能就真的变得完全像一个男孩子了。

婉莹的“野性”，是爸爸一手“训练”出来的。她从小就喜欢穿小男孩的水兵服，连女孩子通常都有的“耳朵眼”都没有穿过。

当她回到福州那一年，脱下男装后，她的伯母、叔母就这样说过：“婉莹都 11 岁了，该扎耳朵眼、戴耳环了。”

可是，爸爸还是不同意，并且还找借口搪塞说：“你们看，婉莹左耳后面，有一颗聪明痣，把这颗痣扎穿了，孩子可就要变笨了。”

就这样，婉莹不仅小时候，长大了也没有穿过“耳朵眼”。

不仅没有穿过“耳朵眼”，那时候的小婉莹也没有一个布娃娃，没有学过女红和针线，没有搽过脂粉，甚至也没有穿过鲜艳的衣服，没有戴过花。她平时总是穿着男孩子们常穿的水兵服。她的眼睛所看到的最多的东西，总是旗台、炮台、灯塔、军港、火药库、龙王庙，等等；而平时她在外面看到的和交谈最多的人，是修理枪炮的工人、看守火药库的士兵，还有砍柴的人、打鱼的人、水手和军官；他们给她讲的故事，也都是来自大海上的、与风暴相关的悲壮故事……

每次，当小婉莹在外面“疯”够了、“野”累了，满脸汗水、连蹦带跳地跑回家的时候，妈妈总是取笑她说：“你看看，小脸都晒‘熟’了，像不像一个红苹果？一个女孩子这么野，长大了可怎么办哪！”

这时候，跟在后面进来的爸爸就会笑着回答说：“不用担心，你生养的孩子，长大了还会野吗？”

细心的爸爸给了小婉莹充分的自由和快乐，细心到连紧一点的鞋子都不让她穿。

有时候，婉莹穿的鞋子稍微紧了一点，她会故意在爸爸面前一瘸一瘸地走路，好像疼得不得了。爸爸看见了，就笑着埋怨妈妈说：“你看看，又给她‘小鞋’穿了！”

正在做针线活儿的妈妈，就故意把剪刀和鞋样推到爸爸跟前说：“你会做，就给她做双大的，以后婉莹长成了一对‘金刚脚’，我也不管了！”

爸爸下班后，喜欢骑一会儿马。每次骑马的时候，爸爸都会带上小婉莹。当时，海军学校有两匹马，一匹是白色的老马，一匹是黄色的小马，两匹马是学校用来轮流下山或进城去取文件和书信的。

傍晚的时候，爸爸就把两匹马牵来，给它们喂足了草料，然后骑着去海边玩。爸爸让小婉莹骑着那匹老实的白马，自己骑着那匹调皮的小黄马，跟在后面。

有一次，小婉莹想骑一下那匹小黄马，爸爸就毫不犹豫地把她扶上了马背。这时，爸爸的一位同事董起山叔叔看到了，吓得赶紧跑过来，帮小婉莹拉着小黄马的缰绳。

好胜的小婉莹觉得，让董叔叔牵着缰绳走，实在有点丢人呢，就央求董叔叔放开手，她要自己骑着跑两圈儿。董叔叔知道这匹小黄马的犟脾气，哪敢放开手，就告诉小婉莹说："可不敢放开手！这个家伙野得很，连你爸爸都管不住它的，叔叔牵着它走快一些就是了。"

果然，董叔叔牵着小黄马，一路小跑起来。小婉莹觉得，小黄马此时好像已经被她"征服"了。

除了骑马，爸爸还教过小婉莹射击。小婉莹握的是一支鸟枪，子弹只有绿豆那么大。

妈妈当然不赞成她弄枪使棒的，但也拿她没办法，只好不停地叮嘱她："可不能向任何小鸟和别的小动物瞄准，只许打树叶和树上的红果！"

"知道啦，我只打红果！"

小婉莹端着枪，有模有样地瞄准了不远处树上的一颗鲜红的山楂果……

傍晚的芝罘湾，景色十分美丽。漫天的晚霞，把整个海面、海岸线和附近的山冈染成一片玫瑰色或金红色。这时候，爸爸也喜欢带上小婉莹，来到芝罘湾海滩上散步、欣赏海上的落日。

小婉莹记得一个细节，出来散步的时候，爸爸不换便服，只是把白色制服上的黑地金线的肩章取了下来，这样，走在路上的学生们看见了他，就不用立正敬礼了。

当夕阳慢慢沉入大海，漫天的霞光渐渐消散的时候，芝罘岛上的那座灯塔，就开始一闪一闪地发出亮光。

“爸爸，快看，灯塔亮了！”小婉莹激动地指着灯塔，向正抱着膝头、沉思默想的爸爸说。

“是啊，灯塔亮了，海上的渔人都该回家了。”爸爸喃喃地说。从爸爸的神态看，他好像想到了什么不愉快的往事。

“爸爸你看，这小岛上的灯塔多好看哪！烟台的海边真是美，不是吗？”小婉莹知道，这都是爸爸平时经常对她说的话，她想用这些话让爸爸高兴起来。

爸爸摇摇头，感叹地说道：“咱们中国北方的海岸，好看的港湾多的是啊！何止一个烟台？你没有去过就是了。”

“多的是？还有哪些呢？”

“像威海卫啊，大连湾啊，青岛啊，都是很好很美的……”

“爸爸，你什么时候也带我去看一看吧？”

这时候，爸爸站起身，捡起一块鹅卵石，狠狠地向海面扔去，说道：“现在我可不愿意去！你知道，那些港口，现在都不是咱们中国人的，威海卫是英国人的，大连湾是日本人的，青岛是德国人的，只有……只有烟台，是我们的，是咱们中国人自己的一个不冻港！”

小婉莹看到，爸爸这时候眉头紧锁，满脸激愤。

“婉莹，你知道为什么咱们要把海军学校建在这偏僻的山窝里吗？咱们这是被挤到这里来的哪！这里的海滩还算僻静，学生们可以练习游泳、划船、打靶。以后我们一定要夺回威海卫、大连、青岛这些地方！要夺回这些地方，非有强大的海军不可啊！”

小婉莹明白，在爸爸心中，此时一定又回响起了甲午年隆隆的炮火声。

爸爸给她讲过很多次甲午海战和刘公岛的故事，讲过“定远号”、“致远号”、“威远号”和“来远号”上的悲壮故事。

爸爸说过，大海战的时候，他亲眼看见站在自己身旁的战友，被日本军舰射来的炮弹打穿了腹部，肠子都飞溅到了烟囱上！

炮火停歇以后，爸爸含着泪水，把已经在烟囱上烤焦的肠子揭下来，放进了这位战友遗体的腹腔里。

“这些事，都像今天的事情一样，永远挂在我的眼前！这仇不报是不行的！我们受着外来强敌的欺凌，死的人，赔的款，割的地，还算少吗？这以后，我在巡洋舰上的时候，还常常到外国去访问。英国、日本、法国、意大利……我觉得到哪里我都抬不起头来。你不到外国，不知道中国的可爱，离中国越远，就对她越亲。但是我们中国多么可怜啊，不振兴起来，就会被人家瓜分了去……”

冰心后来回忆说，爸爸和她这么长、这么沉重的谈话，这还是第一次！在这次长长的谈话中，她记得最牢、印象最深的，就是爸爸说的“烟台是我们的”这一句话。

是的，烟台是我们的！

还有美丽的威海卫、大连、青岛……也都是我们的！

将来终有一天，北方的这些美丽的半岛和海湾，都会回到祖国的怀抱，都会回到我们自己手中！

爸爸的话，就像一粒粒种子，播撒在小婉莹童年的心田，使她慢慢懂得了：什么是祖国的尊严，什么是军人的无私、荣誉与担当，还有，祖国的每一寸疆土，都是神圣不可侵犯的……

6 大榕树下的故乡

在福州，你随便走在哪条街道上，大概都能看见一些枝叶繁茂、气根垂地的大榕树。榕树又叫大青树，是生长在亚洲的一种热带树木，不仅树冠巨大，像一把把撑开的巨伞，而且树形奇特，茂密的枝条上垂生着许多发达的气根，这些气根就像大榕树的胡须，垂直向下伸进树下的土壤里，形成新的树干，叫作支柱根。上了年岁的老榕树有的高达几十米，枝叶向四面无限伸展开去，那些支柱根和枝干交织在一起，铺天盖地，形成一片巨大的林荫。这是大榕树创造出来的一种奇特的自然景象，叫作“独木成林”。

除了大榕树，福州城里还有许多龙眼树、桃金娘树和荔枝树。龙眼树也是一种美丽的热带树木，一到夏天和秋天，龙眼树上就会结满累累的“龙眼”。龙眼外形滚圆，比荔枝略小一点，因为它的果核是红黑色的，就像龙的眼珠，因此得名。龙眼和荔枝、香蕉、菠萝一起，被誉为“华南四大珍果”。福州人把龙眼树结出的新鲜果实叫龙眼，外地人把龙眼的干果又称为桂圆。

一代代福州人，就生活在美丽的大榕树、龙眼树和荔枝树下。他们会傍着大榕树，搭起一间间棚房，摆几张竹椅和竹木茶几，作为自己、四邻和过路人小憩、乘凉和躲避风雨的场所。特别是在蝉声悠扬的夏日午后和黄昏，他们坐在大榕树下，一边喝茶，一边聊天，惬意地享受着家乡独有的风情……

1910 年，婉莹快满 10 岁了。这一年，妈妈又给她生了一个小弟弟，就是她的三弟谢为楫。

谢家的小孩子越来越多，每天都能听到小孩子无忧无虑的欢笑声，按说，爸爸和妈妈应该感到高兴才是啊！可是，已经开始懂事的婉莹却发现，爸爸的脸上和目光里，不经意间就会露出一丝忧心忡忡的神情，好像藏着什么沉重的心事。

1910 年，正值清朝末年，全国各地的有志之士，正在酝酿一场巨大的风暴：推翻腐败无能的清政府，实现孙中山先生提出的“驱除鞑虏,恢复中国,创立合众政府”的革命理想。

冰心后来在《书给了我快乐和益处》一文里，也回忆了这个时候的革命风潮带给她的一些影响：

> 那时正是辛亥革命前夕，我读到邹容写的《革命军》和孙中山先生发起的同盟会的刊物，如《天讨》之类，都是抨击清政府腐败无能和警惕帝国主义国家瓜分中国的危险等。读了使我悲愤激昂，使我从小就认为我们祖先传给我们的大好河山，必须牢牢保住，而且要使它富强起来。

就是在这样的形势下，谢葆璋所在的海军学校里，也爆发了一次激烈的风潮。

原来，在这一年之前，当时清政府的海军大臣载洵，来到烟台海军学校视察过一次，回到京城后，他从北京挑选了20名满族学生，把他们送到海军学校来学习。

随着推翻清政府的呼声渐渐高涨，在海军学校里，汉族和满族青年学生之间累积下的矛盾，也随之激化。结果，在1911年春季运动会上，为了争夺一项比赛的锦标，满汉学生之间发生了激烈的冲突。这场冲突就像一个导火索，很快就

1918年，冰心与母亲杨福慈、三弟谢为楫在北京。

在学校里引发了一场学潮。

学潮闹得很凶，清政府担心铸成大乱子，就从北京派来一个调查员查办这个“案件”。这位调查员叫郑汝成，是谢葆璋过去的一位同学，他背地里告诉谢葆璋说，这几年来，一直有人在京城诬告谢葆璋是“乱党”，说谢葆璋创办的烟台海军学校的学生中，有不少人是“同盟会”会员……郑汝成劝谢葆璋最好立即辞职，免得落个“撤职查办”的结局。

经过一番考虑之后，谢葆璋同意了郑汝成的建议。他和几位志同道合的同事一起，向令他失望的清政府递交了辞呈。

于是，这年秋天，谢葆璋再次陷入了报国无门的尴尬境地，依依不舍地告别了他一手创办的烟台海军学校，告别了前来相送的朋友、同事和学生，也告别了他曾经出生入死、流过鲜血也洒过热泪的大海，挈妇将雏，回到了他的故乡福州……

不用说，婉莹也告别了她童年时代的大海，告别了烟台，告别了她所熟悉的旗台、炮台、码头、龙王庙和芝罘湾的灯塔，踏上了回到父母之乡的道路。

就在婉莹一家返回故乡福州的途中、暂时在上海虹口小住的时候，1911 年 10 月 10 日，震惊全国的辛亥革命爆发了。

那几天里，爸爸每天都在抢着、等着看报上的消息。

婉莹看在眼里，知道这些消息就是爸爸一直以来藏在心中也写在脸上的“心事”。

婉莹记得很清晰，有一天，报上有一篇通电，篇末写着“黎元洪泣血叩”六个字。爸爸兴奋地告诉婉莹他们说：“你们看，你们看，黎元洪将军也在武昌起义了！”

原来，黎元洪也是谢葆璋当年在天津海军学堂的同班同学，不过，谢葆璋学的是驾驶，黎元洪学的是管轮。

当时，辛亥革命爆发的消息迅速传遍了全国各地，大家都纷纷捐款，支持革命志士们的行动。本来就有男儿豪气的婉莹，自然也不甘示弱，她毫不犹豫地把自己攒下的10元压岁钱拿出来，送到了《申报》报馆，捐献了出去。报馆给了她一张收条，上面写着“幼女谢婉莹君”。

这张收条让当时的婉莹颇感自豪，她把小小的收条珍藏了很多年，后来不知道失落到哪里去了。

这也算是她跟随父母回到故乡途中的一段小插曲吧。

这年冬天，爸爸带着全家老小，回到了阔别十多年的福州，住进了福州城南后街86号，杨桥巷口万兴桶石店后面的一座老宅院里。

说起这座老宅院，也是很有来头的。它原本是辛亥革命志士、广州“黄花岗七十二烈士”之一、《与妻书》的作者林觉民的故居。林觉民因为广州起义失败，被清廷杀害后，林家为了逃避追查和株连，悄悄从这里搬走了，把这座老宅院卖给了婉莹的祖父谢子修老先生。新中国成立后，福州市政府把这座宅院立为“林觉民烈士故居”和福建省的“辛亥革命纪念馆”。现在，“辛亥革命纪念馆”已从这里迁到别处，市政府又在这里增设了“冰心故居”，作为家乡人对冰心的永久纪念。

一回到自己的故乡，婉莹的生活环境、日常装束和性格都开始发生变化。

她在后来写的一篇散文《梦》里，这样描写了自己从烟台回到福州后状态的改变：

> 穿着黑丝带金线的军服，佩着一柄短短的军刀，骑在很高大的白马上，在海岸边缓辔徐行的时候，心里只充满了壮美的快感，几曾想到现在的自己，是这般的静寂，只拿着一支笔儿，写她幻想中的情绪呢？
>
> …………
>
> 十岁回到故乡去，换上了女孩子的衣服，在姊妹群中，学到了女儿性情：五彩的丝线，是能做成好看的活计的；香的，美丽的花，是要插在头上的；

镜子是妆束完时要照一照的；在众人中间坐着，是要说些很细腻很温柔的话的；眼泪是时常要落下来的。女孩子是总有点脾气，带点娇贵的样子的。

回到故乡后，婉莹也从老祖父的口里，慢慢知道了谢氏家族的一些故事。老祖父很疼爱她，允许婉莹到他的书房里随意翻书看，也愿意跟她说话“讲古”。

祖父的书房里有满屋满架的书，那里成了婉莹的乐园，只要一得空闲，她就钻进书房里找书看。

那些书多半是线装的古书，但是也有不少让婉莹感兴趣的故事书，例如清朝大才子袁枚的笔记小说《子不语》，还有祖父的老朋友林纾老先生译介的西方小说，如法国小仲马的《巴黎茶花女遗事》等。

后来冰心回忆说，阅读祖父书房里的那些“林译小说”，是她迷恋阅读西方文学作品的开始。

祖父的书架上，还有一本薄薄的、套红印的谢氏家谱。一个冬夜，祖父端着家谱，一边翻看着，一边告诉婉莹：“我们谢家是从江西迁来的，是晋朝的政治家、军事家谢安的后裔……”

“原来我们有这么了不起的先辈啊！”

祖父抚摸着婉莹的头说："你是我们谢家第一个正式读书的女孩子，一定要好好地念书呀！"

说到这里，祖父端起紫砂壶，抿了一口"铁观音"茶，又给婉莹讲起了婉莹曾祖父的一桩伤心事。

在这之前，婉莹只知道，曾祖父是福建长乐县横岭乡的一个贫农，因为天灾，在乡下生活不下去了，才逃到了福州城里学起裁缝手艺。

"这裁缝生意，可不是那么好做的！"

祖父告诉婉莹说，那时候做裁缝的，一年里头只有过三节的前夕，也就是春节、端午节、中秋节的前夕，才可以到客户家里去要账。

有一年春节前夕，曾祖父到人家家里要账的时候，因为不认得字，被赖了账，只好两手空空、垂头丧气地回到了家里。

当时，家里老小正等米下锅呢。曾祖母听说这笔账被人赖掉了，如同五雷轰顶一般，几乎晕倒。她沉默了一会儿，就含着泪走了出去，半天也没有进来。曾祖父出去一看，原来曾祖母正在墙角的一棵树上准备自缢……

曾祖父连忙把她解救下来，两个人抱头大哭了一场。

在寒冷的风中，曾祖父跪下来对天发誓说：有朝一日，如蒙天赐一个儿子，拼死拼活也要让他读书识字，好替父亲明明白白地记账、要账！

后来，曾祖母一连生了四个女儿，到第五个孩子，才总算盼来一个男孩。这个男孩就是婉莹的祖父谢子修。

曾祖父因为贫寒、不识字而受人欺负的故事，给了婉莹深深的触动。不自觉地，她的眼角泛出了晶莹的泪花。

后来，她在《我的故乡》一文里这样写道：

这段故事，给我的印象极深，我的感触也极大！假如我的祖父是一棵大树，他的第二代就是树枝，我们就都是枝上的密叶，叶落归根，而我们的根，是深深地扎在福建横岭乡的田地里的。我并不是“乌衣门第”出身，而是一个不识字、受欺凌的农民裁缝的后代。曾祖父的四个女儿，我的祖姑母们，仅仅因为她们是女孩子，就被剥夺了读书识字的权利！当我把这段意外的故事，告诉我的一个堂哥哥的时候，他却很不高兴地问我是听谁说的？当我告诉他这是祖父亲口对我讲的时候，他半天不言语，过了一会才悄悄地吩咐我，不要把这段故事再讲给别人听。当下，我对他的“忘本”和“轻农”就感到极大的不满！从那时起，我就不再遵守我们谢家籍贯的习惯。我写在任何表格上的籍贯，不再是祖父“进学”地点的“福建闽侯”，而是“福建长乐”，以此来表示我的不同意见！

从这段文字里，我们也可以看到婉莹与众不同的个性。

在她回到故乡的第二年，1911 年秋天，11 岁的婉莹没有辜负祖父的嘱托和期望，以第一名的好成绩，考上了当时十分有名的福州协和女子师范学校预科。

当时，“中华民国”南京临时政府已经宣告成立，孙中山被选为临时大总统。统治了中国人民几千年的封建专制制度被推翻了，教育家蔡元培出任了临时政府的教育部部长，开始在全国大力推行新式教育，包括倡导女子教育。福州的这所女子师范学校，就是在这种新式教育的背景下开始招生的。

冰心在《我的故乡》里也写到了她对这所学校的记忆：

福州女师的地址，是在城内的花巷，是一所很大的旧家第宅，我记得我们课堂边有一个小池子，池边种着芭蕉。学校里还有一口很大的池塘，池上还有一道石桥，连接在两处亭馆之间。我们的校长是黄花岗七十二烈士中之一的方声洞先生的姐姐，方君瑛女士。我们的作文老师是林步瀛先生。在我快离开女师的时候，还来了一位教体操的日本女教师，姓石井的，她的名字我不记得了。我在这所学校只读了三个学期……

毕竟是平生第一次进入正式学校，一向散漫惯了的婉莹，刚入学时还有点不习惯，受不了那么多的规矩和约束，甚至还悄悄地流下过委屈的眼泪。但是很快，她就适应了在这所新式学校的学习和生活，甚至强烈地喜欢上它了！

学校的老师们也很欣赏这个纯朴自然、心地似冰如玉、又那么聪慧好学的女孩子。国文老师林步瀛特别器重婉莹，因为婉莹的每一篇作文都写得出色。有两次，婉莹在老师发下来的作文本上，看到了“雷霆震睿，冰雪聪明”、“柳州风骨”这样的评语。婉莹明白，这是林先生给予学生的最高评语。

在以后的日子里，每次回忆起大榕树下的故乡，回忆起在福州女师的这段短暂的求学时光，回忆起老师们对她的作文所给予的最早的鼓励和期望，冰心都从心底里感到无限的温暖和慰藉。

冰心对故乡的纯真的依恋和感恩之情，伴随了她一生。即使到晚年，她的心中仍然萦绕着剪不断的乡愁。

1993年秋天，已经93岁高龄的冰心老人，听女儿吴青从福建长乐县横岭乡回来，说到了故乡的景象，就连夜给当时的“冰心研究会”和福建福州驻北京办事处的负责人写信说：“我女儿吴青一家，去年到福建，看到我的故乡横岭小学，校舍破损，课室内黑板桌椅等，都破旧不堪，我听了心里十分难过！兹将稿费所得两万元人民币，请你们带回，为横岭小学作修理校舍、添置课室设备之用。钱数很少，但愿能用到急需之处……”

这种涓涓不息的感情，正如她在《我的故乡》里所说的那样：“我对于故乡的回忆……像初融的春水，涌溢奔流。十几年来，睡眠也少了，‘晓枕心气清’，这些回忆总是使人欢喜而又惆怅地在我心头反复涌现。”

也如她在《繁星》里写到的那几行诗句：

童年呵！
是梦中的真，
　是真中的梦，
　是回忆时含泪的微笑。

《繁星·二》

7 北京小巷

我的生命的列车，一直是沿着海岸飞驰，虽然山回路转，离开了空阔的海天，我还看到了柳暗花明的村落。而走到北京的最初一段，却如同列车进入隧道，窗外黑糊糊的，车窗关上了，车厢里的电灯亮了，我的眼光收了回来，在一圈黄黄的灯影下，我仔细端详了车厢里的人和物，也端详了自己……

这是冰心在 80 岁的时候写的一篇回忆散文《我到了北京》中的一段，写的是她在 1913 年（民国二年），随着家人从福州搬迁到北京时的感受。

1913年初秋，正在故乡“赋闲”的谢葆璋，突然接到北洋政府海军部的电报，要他立刻进京。谢葆璋到了北京，先被授予海军上校军衔，不久又升为少将，调任海军部军学司司长。

在北京就职后不久，谢葆璋就安排婉莹的舅舅杨子敬，护送着婉莹和她的妈妈、弟弟，一起搬来了北京，居住在东城的铁狮子胡同中剪子巷14号。从此，他们家在这个院落里一住就是16年。

14号院是一所典型的北京中等人家的宅院，房东是旗人出身，原本姓祈。“中华民国”建立以后，满族的旗人纷纷改为汉姓了，祈家就改成了谐音的“齐”姓。据说，房东老太太年轻的时候还当过和敬公主府里的奶妈，和敬公主府的后门，就在14号院门的旁边，正门就开在铁狮子胡同。

冰心在《我到了北京》里是这样描写自己当时的印象的：

从海阔天空的烟台，山清水秀的福州，到了我从小从舅舅那里听到的腐朽破烂的清政府所在地——北京，我是没有企望和兴奋的心情的。当轮船缓慢地驶进塘沽口十八湾的时候，那浑黄的河水和浅浅的河滩，都给我以一种抑郁烦躁的感觉。从天津到北京，一路上青少黄多的田亩，一望无际，也没有引起我的兴趣！到了北京东车站，父亲来接，我们坐上马车，我眼前掠过的，就是高而厚的灰色的城墙，尘沙飞扬的黄土铺成的大道，匆忙而又迂缓的行人和流汗的人力车夫的奔走。在我茫然漠然的心情之中，马车已把我送到了一住十六年的“新居”……

…………

我的天地比从前的狭仄冷清多了，幸而我的父亲是个不甘寂寞的人，他在小院里砌上花台，下了“衙门”（北京人称上班为上衙门），便卷起袖子来种花。我们在外头那个长方形的院子里，还搭起一个葡萄架子，把从烟台寄来的葡萄秧子栽上。后来父亲的花园渐渐扩大到大门以外，他在门口种了些野茉莉、蜀葵之类容易生长的花朵，还立起了一个秋千架。周围的孩子就常来看花、打秋千，他们把这大院称作“谢家大院”。

“谢家大院”是周围的孩子们集会的地方，放风筝的、抖空竹的、跳绳踢毽子的、练自行车的……热闹得很。因此也常有“打糖锣的”的担子歇在那里，锣声一响，弟弟们就都往外跑，我便也跟了出去。这担子里包罗万象，有糖球、面具、风筝、刀枪，等等，价钱也很便宜。这糖锣担子给我的印象很深！

在这篇散文里，冰心还形象地写到，来到北京头一年的时光，就像是她生命路上的“第一段短短的隧道”，使她的生活失去了在烟台海滨时那种海天一色的明媚与开阔，也没有了在福州的大榕树下的清凉与润泽。

这个时期的爸爸，在婉莹眼里也显得“消沉多了”。

有一次，爸爸叹着气告诉她说：“现在的衙门里，没有多少公事可办了，就连那些留洋回来的人，也是整日闲着，看看报纸，攀谈攀谈，大家都很苦恼哪！”爸爸的这番话，给婉莹留下了深刻的印象。她后来就把此时的感受写进了一篇名为《去国》的小说里。

倒是妈妈在这个时期订阅的一些杂志，让婉莹很是着迷。这些杂志里有商务印书馆出版的《妇女杂志》《小说月报》《东方杂志》，婉莹尤其爱看《妇女杂志》“文苑”专栏里的诗歌，慢慢地也就喜欢上了这种文体形式。

这时候，舅舅杨子敬继续做着婉莹三个弟弟的“塾师”。舅舅没有再让婉莹参加弟弟们的学习，可能是因为他已经看到，婉莹已经长大了，可以独立自主地去找自己喜欢的书看了。

婉莹闲得无聊时，白天就帮妈妈做些家务，学着做针线，晚上就趴在堂屋的小方桌边，帮助三个弟弟温习功课。弟弟们没有多少耐心，不一会儿就怠倦了。这时候，婉莹就会收起课本，讲一些故事给弟弟们听，或者带领他们做一些“老鹰抓小鸡”之类的游戏，真的像一位小姐姐一样了。

弟弟们睡下以后，婉莹还会再看一会儿书。如果仍然没有什么睡意，她就会孤单地坐在那里，听外面胡同里的各种动静。

只是，她能听到的，不再是烟台海滨从军营里传出的高亢的军号声，而是悠长、凄清的老北京的叫卖声：

“羊头肉——”

“赛梨的萝卜来——”

当然，还会夹杂着一声声算命瞎子敲的小锣声……

那个时候的北京，像故宫啦，景山啦，以及北海等，都还没有对平民开放，婉莹一次也没有去过这些地方。

倒是有一天，舅舅带着她和三个弟弟，去逛了一次隆福寺市场。她后来这样回忆道：

这对我也是一件新鲜事物！市场里熙来攘往，

少年习武，意气风发。冰心的三个弟弟与朋友们练习武术。

万头攒动。栉比鳞次的摊子上，卖什么的都有，古董、衣服、吃的、用的，五光十色，除了做买卖的，还有练武的、变戏法的，说书的……我们的注意力却集中在玩具摊上！我记得最清楚的是棕人铜盘戏出。这是一种纸糊的戏装小人，最精彩的是武将，头上插着翎毛，背后扎着四面小旗，全副盔甲，衣袍底下却是一圈棕子。这些戏装小人都放在一个大铜盘上。耍的人一敲那铜盘子，个个棕人都旋转起来，刀来枪往，煞是好看。

北京的小巷，在婉莹的心目中，如同“黑糊糊的隧道”一般，把她带进了一段陌生的时光里。从此，北京的小巷要伴随婉莹16年，一直到她长大成人。她将在这名叫“中剪子巷”的地方生活、成长，读完中学，读完大学，开始自己的作家之路，写出自己最早的一批“问题小说”，也写出自己那两部诗歌成名作：《春水》和《繁星》……

8 贝满女中

我们在前面说到过，婉莹在烟台海边生活时，就出于好奇，学着《聊斋志异》的样子，写过几篇白话的和半文言、半白话的“小说”。可惜的是，都因为写着、写着，自己觉得没意思了，就都半途而废了。

到了北京，婉莹经常要讲故事给三个弟弟听，一年里她差不多要给弟弟们讲上300多段故事呢！

她后来在为《冰心全集》写的自序里说，当时给弟弟们讲故事，“不是根据着书，却也不是完全杜撰，只是将我看过的新旧译著几百种的小说，人物布局，差来错去的胡凑，也自成片段，也能使小孩子们聚精凝神，笑啼间作。”

因为要不断地编故事、讲故事，再加上阅读了妈妈订的《小说月报》等杂志上的一些小说故事，婉莹写小说的兴趣又一次被勾起来了。

这一次，她开始学着西方小说里的破案故事的写法，编了一个《女侦探》的故事。不过，糟糕的是，像以前写小说的经历一样，写着写着，她还是无法把故事给写“团圆”了，又留下了一个没有结局的残篇。

以女侦探为主角的小说写不下去，那就写一个女革命家的故事吧。孙中山领导的同盟会里的女革命家秋瑾的故事，让婉莹触动很深，使她打心眼里敬佩和崇拜这位革命志士。于是，婉莹又提起笔来，用文言文的形式，以秋瑾的事迹为原型，开始写小说《自由花》。可惜的是，这朵“自由花”最终也没有绽放出来，刚写了一半就终止了。

终止的原因是,她要准备报考中学了。婉莹要报考的学校，是当时北京非常有名的一所女子中学——贝满女中。

说起来，还真得感谢舅舅杨子敬的提醒。那天，舅舅看婉莹有在一边投入地写啊写的，就提醒婉莹的爸爸和妈妈说：“婉莹都快 14 岁了，可不能老是在家里待着‘写小说’啊！”

是啊，到了北京已经不少日子了，爸爸妈妈怎么把婉莹上学念书的大事给忘记了呢！

“那么，上什么学校好呢？北京的学校倒是不少，就是不知道哪所学校好。”爸爸有所顾虑地说道。

“那还用说？贝满中斋！”舅舅一口回应道，“我听青年会的朋友讲，基督教公理会办的这所女子中学好，就在灯市口街上，离家又近，已经有50年的校史了……”

这时候，妈妈也在一旁说道：“嗯，教会学校好！二伯在福州仓前山教书的那个英华书院，不就是教会学校吗？”

“好，就上贝满中斋，教会办的学校，教学是规范的，英文的口语也纯正，就让婉莹报考这所女中吧。”

贝满女子中学，就是今天的北京166中学前身。它是1864年由美国基督教公理会创办的，是北京近代最早引进西方教育的学校。贝满女中在近代和现代，为中华民族培养出了不少杰出的人才，像新中国的卫生部部长李德全，原上海复旦大学校长谢希德，中国第一位“南丁格尔奖章”获得者王琇瑛，物理学家王承书，化学家蒋丽金，戏剧家孙维世，表演艺术家张筠英，钢琴演奏家鲍蕙乔，等等，都曾在这所学校就读过。

贝满女中的校花是菊花。菊花芬芳怡人，有着高洁、沉静的君子品格，象征着贝满学子们以君子的高洁、沉静的品行作为自己一生的追求。

婉莹报考这所学校时，它还叫贝满中斋。这个名字显然带有中西合璧的意味。“贝满”是捐款创办这所学校的美国人Bridgeman的音译，“贝满”二字既简洁又有中国韵味；“斋”是旧时中国人对学校和读书场所的一种称呼，通常中学被称为“中斋”，大学被称为“书院”，小学被称为“蒙学”。贝满中斋校址设在东城灯市口公理会大院的西北角，一组曲尺形的楼房引人注目，在楼房转折处的东南面的墙壁上，有四个横写的金光闪闪的大字：“贝满中斋”。学校最早是女子小学，后来又成立了四年制的女子中学。

这样，在1914年秋季，婉莹由舅舅领着，来到这所离家不远的学校，走进楼道左边的一间办公室里，拜见了一位美国中年女教士、贝满女中的校长裴老师。

女校长微笑着把婉莹领到一间教室里，让她坐下，给了她一道由中文老师出的作文题：“学然后知不足”。

这个题目可难不住婉莹。因为还在家塾里念书时，她就写过这个题目的作文。果然，校长对婉莹写出的文章很满意，同意让她插入初中一年级就读。

因为离家不远，婉莹没有像别的同学那样在学校寄宿，而是当了走读生，每天早出晚归，中午在学校吃饭。

她后来在《从“五四”到“四五”》一文里，这样回忆过在贝满女中的学习时光："我在学校里，对于理科的功课，用的力气最大的就是代数、几何、三角、物理、化学、生物以至于天文、地质，我争取学好考好，那几年我是埋头苦读，对于其他一切，几乎是不闻不问。"

为什么会对理科的功课特别用功呢？她不是喜欢念诗词、写小说，作文也做得特别好吗？

冰心后来这样分析了其中的原因：因为爸爸是学航海的，他常常告诉她，对于学航海的人，三角、几何都非常重要，所以她也就特别喜欢这些属于理科的功课。

一般说来，有教会背景的学校，在课程设置上大都能够适应近现代西方先进的科学发展，在教学设备、实验仪器、图书资料等方面，也比较先进和完备，在教学方法和教育观念上，也都采取比较宽容和开放的姿态。

然而，由教会出资创办的学校，通常都会以培养教会传教人才为目的。有的教会学校还会专门开设"神学班"，有的甚至后来还发展成为"神学院"。从神学班、神学院出来的学生，有的就会被分派到各地去传教，不少人甚至成为了主教和会长。

贝满中斋也是如此。在正课之外，学校还会请来牧师向学生传授《圣经》之类的宗教教义。每到礼拜天，学校就会

冰心（左前）就读于贝满中斋时，与同学在校园合影。

把非基督徒学生不分班级地编在一起，召集到公理会教堂里，听传教士讲上半个小时的《圣经》故事。《圣经》里的“博爱”思想，对婉莹的触动很大，她后来称之为“爱的哲学”。

这种善良、博爱的种子，深深地播撒进了婉莹的心中，等她长大之后，就逐渐形成她所遵循和提倡的爱与美的精神。我们从她后来写的一些诗歌里，会看到这种“爱的哲学”的光华。

她一再诉说：“有了爱，就有了一切。”

她在《繁星》里写道：

人类呵！
相爱罢，
我们都是长行的旅客，
向着同一的归宿。

（《繁星·一二》）

贝满中斋还有一个场景，给婉莹留下了难忘的记忆。

每天中午在学校吃饭的时候，饭堂里的八仙桌上，会摆上四菜一汤和盛满大米饭的锅子。第一次开饭时，婉莹正要开吃，突然听到饭堂外面传来了好听的歌声。她回头向外一看，看见一些同学整齐地站在门外，正在唱歌。

同桌告诉她说，那些在外面大餐厅里用餐的同学，都是从北京近郊的通县、保定或者外省的公理会女子小学考进来的贫穷人家的孩子，她们都入了教，是基督徒，所以每顿饭前，都要先唱“感恩”的歌，感谢主赐予她们食物……

贝满中斋有着严格的舍监管理制度，教室、寝室、走廊、图书馆和其他公共场所，每天都保持整齐清洁，学校还专门设有医药室，可随时给学生看病。良好的校风，洁净的环境，特别是学校雇的老花匠，每一天都在浇灌和修剪成排的绿植和花卉，没有一个学生会随意摘下一朵小花或践踏一棵绿植……所有这些，都给婉莹留下了美好的记忆。

入学不久，婉莹就选定了自己的理想，那就是当一名像南丁格尔一样的医生。她后来回忆说，之所以想当医生，“主要的原因是我的母亲体弱多病，我和医生接触较多，医生来了，我在庭前阶下迎接……那时女医生又少，我就决定长大要学医，好为我母亲看病。父亲很赞成我的意见，说：‘古人说，“不为良相，必为良医”，“东亚病夫”的中国，是需要良医的，你就学医吧！’”

20世纪初的北京，一直处在时代风云的中心地带。就在婉莹进入贝满中斋就读的第二年，1915年，北京发生了一件使举国上下都感到激愤的大事。

当时，日本军国政府利用袁世凯妄想恢复封建帝制、一心做着皇帝美梦的心理，以帮助他当上皇帝为条件，向他提出了把中国变为日本殖民地的“二十一条”的卑鄙要求。不料，窃国大盗袁世凯为了达到个人称帝的野心，不顾全国上下的反对，竟然准备答应日本人的条件，出卖国家的利益，同意接受丧权辱国的“二十一条”。

消息传出，全国人民愤怒的烈火瞬间被点燃了！特别是在北京的爱国青年学生，连夜走上大街，举行了盛大的反对日本军国政府、讨伐卖国贼袁世凯的示威游行活动。

当时，只有15岁的婉莹，和贝满中斋的同学们一起，也慷慨激昂地走上了街头，加入了爱国游行的行列。那天，她们高呼着口号，从学校所在的灯市口，一直步行到了天安门西侧的中央公园（现在的中山公园）社稷坛附近。到了那里一看，社稷坛四周已经人山人海，来自各个大学、中学的爱国学生和一些群众团体的爱国人士，都在发表演讲，痛斥袁世凯的卖国行径。

贝满中斋的学生领队之一，就是后来成为冯玉祥将军的夫人、担任过新中国卫生部部长的李德全。她代表贝满中斋的女学生们，勇敢地跃上社稷坛，面对群情激愤的队伍，发表了一番激情飞扬的演讲……

婉莹是第一次亲身经历、亲眼看到这样慷慨激昂的场面。这个场面使她终生难忘。就在那一天，在社稷坛前，小时候爸爸多次给她讲述过的甲午年的大海战故事，威海卫、大连湾、青岛等美丽的北方海湾至今还被外国殖民者霸占的事实，爸爸说过的“总有一天我们要把它们都收回来”的话……都再次浮现在她的脑海里。爸爸给她播下的爱国的种子，再次在她少女的心中萌动着……

后来，她在《最痛快的一件事》一文里这样沉痛地写道：“我们的日历上一年到头有许许多多的国耻纪念日。”如果我们再不觉醒，再不起来拯救自己衰弱的祖国，那么，“将来我们的日历上，有国耻的日子将多于没有国耻的日子”！

这个时期，她也写了少许的习作。许多年后，1991 年 2 月 25 日，她在写给童话家严文井的一封信上说：

> 这些是我在贝满中学上学期间（1914~1918）的少作。《关于男人》（你一定有一本）中，我的小舅舅要把我培养成一个才女，教我琴、棋、书、画，我一样也学不成（我从小男装，是个坐不住的孩子），却从他买给我看的诗集中，迷上了龚定庵、黄

仲则（《两当轩诗集》）和纳兰性德。

如龚诗中有“落红不是无情物，化作春泥更护花”，黄诗中有“似此星辰非昨夜，为谁风露立中宵”，都是极好的句子。

由此可见，婉莹在贝满女中学习期间，就已经喜欢阅读龚自珍、黄遵宪、纳兰性德这些人的诗歌了。而这些人的诗歌中，也大都有着浓浓的“爱与美”的韵味。

也就是说，在贝满女中这片特殊的土壤上，在少女婉莹的心中，“博爱”的精神正在悄悄萌芽……

1918 年 8 月，18 岁的婉莹，以全班最高分的成绩，从贝满中斋毕业。当时，贝满中斋有个有趣的传统，凡是毕业成绩第一名的学生，就有资格为本届毕业生“辞别母校和师友”的歌编写歌词，并且有资格站到毕业会的讲台上做毕业演讲。这也算是对成绩最优秀的毕业生的一种“奖赏”吧。婉莹凭自己的努力得来的好成绩，荣幸地获得了母校的奖赏。

可惜的是，她当年所编的毕业歌词，没有保存下来。

她所在的那个班，当时有 18 名毕业生，其中有 14 名学生后来都当了中学或小学教师，只有婉莹和另外三位同学，从贝满中斋直接升入了协和女子大学预科。

协和女子大学以医学专业闻名，这与婉莹想当医生的愿望是一致的，她的爸爸、妈妈和舅舅也十分支持她的选择。

只是，她没有想到，正是在协和女子大学里，婉莹迎来了震惊中外的、改变了中国近现代历史的五四运动，而她自己的人生道路，也因为伟大的五四运动而发生了巨大的转折……

1914 年秋至 1918 年夏，冰心在北京灯市西口贝满中斋就读。这是保存至今的教学楼。

9 惊雷与洪流

西山的树叶，正在悄悄地由青变黄，又由黄变成深红色。

天清气朗的秋天，不知不觉地来到了北京城……

古都北京的秋天是干爽和美丽的，空气中弥漫着淡淡的木樨香。

18 岁的谢婉莹，走在协和女大的校园里，感到眼前的一切都是新奇的。一颗敏感的少女的心，正在乐观地迎接这全新的时光的到来……

北京协和女子大学，是美国基督教会 1864 年创的女子大学，最早的名称叫贝满女塾，后来改称女子大学。这是我国近代历史上的第一所女子大学。当时的校长是麦美德小姐

(Miss Miner)。协和女大的学生人数，也是当时全国女子大学之冠。

那个时候的女性，可以选择的职业范围十分狭窄，一般就只有两种选择，一是当教师，要不就是当医生。婉莹很爱自己的妈妈，只因为妈妈一直体弱多病，她就毫不犹豫地选择了学医。

进入女大后，婉莹上的第一堂课是化学课。教化学课的管叶羽先生，成了她大学时代的启蒙老师。

管先生是一位非常严谨又极其和蔼的人，讲课采用启发式的教学方法，给婉莹留下了难忘的印象。

后来，她在《我的老师——管叶羽先生》一文中，这样记叙了自己进入女大、跟着管老师上课的情景：

第一天上化学课，我们都坐定了，管老师从从容容地走到课室来，一件整洁的浅蓝布长褂，仪容是那样严肃而又慈祥，我立刻感到他既是一位严师，又像一位慈父！

在我上他的课的两年中，他的衣履一贯地是那样整洁而朴素，他的仪容是一贯的严肃而慈祥。他对学生的要求是极其严格的，对于自己的教课准备，也极其认真。因为我们一到课室，就看到今天该做的试验的材料和仪器，都早已整整齐齐地摆在试验桌上。我们有时特意在上课铃响以前，跑到教室去，就看见管老师自己在课室里忙碌着。

管老师给我们上课，永远是启发式的，他总让我们预先读一遍下一堂该学的课，每人记下自己不懂的问题来，一上课就提出大家讨论，再请老师讲解，然后再做试验。课后，管老师总要我们整理好仪器，洗好试管，擦好桌椅，关好门窗，把一切弄得整整齐齐的，才离开教室。

当时，直接从贝满女中升进女大的同学很少，多数同学都是从各地的教会女子中学来的，她们往往在高中毕业后，先去教几年书，然后再进入大学。因此，婉莹在她们中间就显得特别地小。不过，婉莹学习起来可是十分用心的，总是一字不漏地记笔记，一丝不苟地回答问题，做实验也从不拖泥带水。她的这些好习惯，深得管老师和其他老师们的赏识。

有一次做化学实验，有一位同学因为粗心大意，把一个当中插着一根玻璃管的橡皮塞子捅进了试管，而且捅得很深。把玻璃管拔出来了，橡皮塞子却没有跟着拔出来，急得同学们都走过来帮着想办法。

有的想用钩子去钩，但是怎么也没有办法把钩子伸进橡皮塞子的小圆孔里去。这时候管老师看到了，走过来看了半天，一时也是束手无策。

最终，还是婉莹有办法。她想了一想，忽然跑了出去，从扫院子的竹扫帚上折了一段比试管口径略窄一点的竹枝，中间拴了一段麻绳，然后把竹枝和麻绳都竖直着穿进了橡皮塞子的孔里。随后轻轻一拉麻绳，那根竹枝就横在了皮塞子下面。

接着，她请那位同学协助，一个人握住试管，一个人使劲拉那根麻绳，一下子就把橡皮塞子拉了出来。

这时候，婉莹高兴地大叫道："管老师——出来了！管老师——出来了！"

有的同学愕然地望着管老师，又瞪着婉莹，开玩笑地说道："瞧瞧，忘乎所以、得意忘形了吧？怎么能说管老师出来了呢！"

婉莹这才意识到，自己说话有点语病了，就赶紧不好意思地回头去看站在身后的管老师。好在管老师不以为意，他老人家用慈祥的目光看着婉莹，轻轻地、宽谅地点了点头，并没有半点责怪的意思，相反倒还有几分满意与赞许。

后来，1924年，这位慈爱的管老师接任了贝满女中的校长，并且以校为家，一言一行都为学生做出了表率，深得学生们的爱戴。

冰心在那篇文章里赞美他说，管老师关怀学生"胜过自己的子女的嘉言懿行，真是洋洋盈耳，他是我们同学的榜样"！

婉莹在协和女子大学预科读书的头一年里，一心想在毕业之后去当一名好医生，所以在校园里几乎心无旁骛，只是专心学习。

1919年5月4日这天，婉莹正在东交民巷东口的一家德国医院里，照料着在这里住院的二弟为杰，为杰得了流行的"猩红热"，做了耳部手术。

这几天来，婉莹一直守护在医院里，并不知道学校和社会上发生什么事情。这天一早，在谢家做女佣的张妈来医院探望时，顺口把在路上见到的情景说给婉莹听："可了不得了！今天街上有好几百的学生，打着白旗、喊着口号，正在游行哪！"

"你说什么？张妈，真的是有学生在游行吗？"

"可不是嘛！从铁狮子胡同到东单那里，从东单到东交民巷东口那儿，全是游行的学生！不知道出什么乱子了！"

这天傍晚的时候，婉莹的一位正在京汉医院工作的表哥也来医院探望为杰，也向婉莹介绍了外面的状况：“国耻啊！真的是国耻！这个腐败无能的政府！真是丧权辱国啊！我听说，北京大学有个学生，当场撕破衣襟，咬破自己的手指，用鲜血写了‘还我青岛’四个大字！”

究竟发生了什么事呢？婉莹的心顿时平静不下来了。

送走表哥后，她想起了在贝满中斋读书时，到社稷坛前参加反日讨袁爱国集会的情景……

“不行！这个时候，我可不能待在医院里享清闲。”她这样想着，第二天早晨，就和二弟为杰商量了一下，决定马上出院。回家把一些事情安排好以后，她就匆匆地返回了女大校园……

是的，这个时候，在北京，的确发生了惊天动地的大事件！

原来，不久前，第一次世界大战结束后的各战胜国，在巴黎凡尔赛宫举行了一次和会，议定了战后和约。中国作为战胜国之一，也派代表参加了这次和会，并提出了九条提案，其中包括废除1915年由北洋军阀首领袁世凯与日本军国政府签订的丧权辱国的“二十一条”，即把中国主权和德国掠夺中国山东的“权利”出卖给了日本的耻辱条约。

可是，在巴黎和会上，西方列强根本没把贫穷和软弱的中国放在眼里，中国代表交上去的提案，不仅没有得到应有的尊重和接受，相反，和会公然承认了日本在中国山东的占领权。更可气的是，当时被北洋军阀首领段祺瑞控制的“北京政府”，竟然准备在这个耻辱的和约上签字认输……

消息迅速传到了国内。中国人民多年以来郁积在心的反帝爱国情绪，瞬间就被强烈的义愤之火点燃了。北京各个大学的爱国师生，国内的有识之士、爱国人士和热血知识分子，一夜之间，纷纷举行集会演说，强烈反对“北京政府”在和约上签字，反对卖国的“二十一条”。

就在前天，5 月 3 日深夜，在国立北京大学古老的红楼内，北京各高等学校的学生代表都聚集到了一起。明亮的灯火之下，一位名叫邵飘萍的记者激情慷慨地说道：“……目前，民族命运到了千钧一发的紧急关头！如果我们继续缄默等待，中华民族就无从拯救，而只有任其沦亡了！北大是全国的最高学府，我们此刻正应该挺身而出，把各校同学和爱国青年发动起来，救亡图存，奋起抗争，保卫中国的领土完整……”

邵飘萍的演讲使全场的学生们情绪激昂，一触即发。这时，只见一个学生跃上前台，哧的一声撕下一块衣襟，举起中指，一口咬破，然后蘸着鲜血在衣襟上写下了四个鲜红的大字：“还我青岛”！

第二天，爱国的青年学生一呼百应，纷纷走上街头，组成了浩浩荡荡的游行示威队伍……

震惊中外的五四运动，就这样爆发了！

北京学生的爱国行动，如同响亮的春雷，震动了全国。紧接着，上海、天津、济南、长沙、南京、武汉等城市的青年学生和知识分子也纷纷举行集会游行，声援北京的学生。

在东京、巴黎等地的中国留学生和爱国华侨也组织了声势浩大的游行示威活动，要求将山东交还中国。

“打倒卖国贼！打倒卖国政府！”

“还我山东！还我青岛！”

青年学生们高声喊出了严正而响亮的爱国口号。反帝、反封建和爱国的巨焰，仿佛在一夜之间就燃遍了全国各地，形成了一场空前的、遍及整个中国大地的爱国运动。

婉莹返回学校后，在等待和迎接她的，正是这场即使是教会学校也无法抵挡的汹涌澎湃的爱国洪流！

许多年后，她在《回忆“五四”》一文里，写到了自己亲历的这场大时代的惊雷与洪流：

我兴奋得合不上眼，第二天就同二弟从医院回家去了。到学校一看，学生自治会里完全变了样，大家都不上课了，都站在院子里面红耳赤地大声谈论，同时也紧张地投入了紧张的工作。我们的学生会是北京女学界联合会之一员，我也就参加了联合会的宣传股。出席女学界联合会和北京学生联合会的，多是些高班的同学，我们只做些文字宣传，鼓动罢课、罢市，或对市民演讲。为了抵制日货，我们还制造些日用品如文具之类，或绣些手绢去卖。协和女大是个教会学校，一向对于当前政治潮流，不闻不问，阻隔着一道厚厚的堤防。而这次空前的声势浩大的爱国运动的力量，终于冲进了这个校园，修道院似的校园，也成了女学界联合会代表们开会的场所了。同学们个个兴奋紧张，一听见什么紧急消息，就纷纷丢下书本涌出课堂，谁也阻挡不住。我们三五成群地挥舞着旗帜，在街头宣传，沿门沿户地进入商店，对着怀疑而又热情的脸，劝说他们不要贩卖日货，讲着人民必须一致奋起，反对日本帝国主义的侵略压迫，反对军阀政府卖国行为的大道理。我们也三三两两地抱着大扑满，在大风扬尘的长安街，在破敝黯旧的天安门前，拦住过往的人力车，请求大家捐些铜子，帮助援救慰问那些被捕的爱国同学。我们大队大队地去参加北京法庭对被捕学生的审讯。我们开始用白话文写各种形式的反帝反封建的文章，在各种报刊上发表。

声势浩大的爱国运动，席卷了当时整个中国大地。

正是由于全国爱国学生和民众誓不妥协、前仆后继的斗争，在巴黎的中国政府代表团，迫于国内人民的强大压力，最终拒绝在巴黎和约上签字。中国人民破天荒地取得了外交史上的一次重大胜利！而伟大的“五四”爱国运动，从此也为中国历史翻开了新的一页……

而对于婉莹来说，这场伟大的思想运动，也改变了她一直以来想当一名医生的理想，把她带向了文学的道路。正如她后来在《从“五四”到“四五”》一文里所说的：“五四运动的一声惊雷把我‘震’上了写作的道路”。

10 美丽的笔名

嫩绿的芽儿，
　和青年说：
“发展你自己！”

淡白的花儿，
　和青年说：
“贡献你自己！”

深红的果儿，
　和青年说：

"牺牲你自己!"

《繁星·一〇》

这是冰心诗集《繁星》里最为脍炙人口的诗句之一，讴歌的是正在生长着的、蓬勃而年轻的青年的力量。

这节诗句，也不能不使我们想到在伟大的五四运动中，代表着爱国、正义、奋斗和向上的青年们，给这个古老而贫弱的国家所带来的前所未有的变革的力量。

五四运动的浩大声势，使得北洋军阀政府想在卖国求荣的巴黎和约上签字的打算，终于在爱国的学生和民众面前落败了。

然而，这场伟大的爱国运动并没有就此告终。它在继续朝着纵深的方向发展。这是因为，中国人民反对帝国主义、反对封建专制制度的历程，仍然是漫长和艰辛的。五四运动也不仅仅是一声爱国抗争的惊雷、一道反抗帝国主义列强的洪流，而且是古老的中华文明、中国传统文化与伦理道德在20世纪初叶的一场蜕变、一场新生……

冰心在《回忆"五四"》一文里，这样写到五四运动给她带来的巨大影响:

这时新思潮空前高涨，新出的报刊杂志，像雨后春笋一般，几乎看不过来。我们都贪婪地争着买，争着借，彼此传阅，如《新青年》，《新潮》，《中国青年》，一直到后来的《语丝》。看了这些书报上大学生们写的东西，我写作的胆子又大了一些，觉得反正大家都是试笔，我又何妨把我自己所见所闻的一些小问题，也写出来求教呢？

这个时候给她带来最大震动的一篇文学作品，是鲁迅先生发表在《新青年》杂志上的白话小说《狂人日记》。《狂人日记》深刻地揭露了封建礼教吃人的本质，揭露着旧中国的黑暗与悲惨，同样也如天空中的一声惊雷，让身为女大学生的婉莹心灵为之惊颤！

以往校园里的宁静已经不复存在了。学生们心中的爱国之火还在燃烧。大家纷纷拿起笔来，以白话文作为武器，向着封建专制制度开火了！冰心说，这个时候，她就像是一泻千里的洪流中靠近两岸的一小股，虽然冲不过河岸的阻力，只挨着岸边和竹头木屑，却也在慢慢地挪动着、奔流着……

当时，她的一位表哥刘放园先生，是北京《晨报》的编辑，他经常把新出版的进步刊物带给婉莹看，鼓励她多阅读、多思考。这些刊物有《新青年》《新潮》《每周评论》《少年中国》《觉悟》等。

《新青年》的主编是陈独秀，他创办《新青年》的宗旨就是要批判腐朽的封建制度，唤醒中国新一代的青年人，为建设民主和科学的国家而奋斗。他在创刊号的发刊词《敬告青年》上这样宣告："青年如初春，如朝日，如百卉之萌动……青年之于社会，犹新鲜活泼细胞之在人身。新陈代谢，陈腐朽败者无时不在天然淘汰之途……社会尊新陈代谢之道则健康，陈腐朽败之分子充塞社会则社会亡。"

《新青年》从1917年开始，还陆续刊登了一系列倡导文学改良与文学革命的文章，大力提倡白话文和"新文学"，像胡适的《文学改良刍议》《建设的文学革命论》，陈独秀的《文学革命论》，钱玄同的《寄陈独秀》，刘半农的《我之文学改良观》，等等，每篇文章都像是扑面而来的强劲的春风，让婉莹感到了一个新的时代正在来临……

鲁迅先生的《狂人日记》，就是《新青年》杂志发表的第一篇白话小说，也是中国文学史上的第一篇白话小说。婉莹读了这篇小说之后，好几天里，耳边总是回响着那振聋发聩的"呐喊"的声音："没有吃过人的孩子，或者还有？救救孩子……"

读了陈独秀的《旧思想与国体问题》，她记住了里面这样一些话："……腐旧思想布满国中，所以我们要诚心巩固共和国体，非将这班反对共和国的伦理文学等等旧思想，完全洗刷得干干净净不可。否则不但共和政治不能进行，就是这块共和招牌，也是挂不住的。"

通过这些刊物，婉莹不仅熟悉了陈独秀、蔡元培、李大钊、胡适、鲁迅、周作人、钱玄同……这些名字，还熟悉了他们的文章，也从这些文章里，明白了五四新思潮和新文化运动，在猛烈抨击和扫荡中国几千年的旧思想、旧道德的同时，也高高举起了最耀眼的两面大旗：民主和科学。

根据英文的音译，民主（Democracy）被称为"德先生"；科学（Science）被称为"赛先生"。

婉莹渐渐明白了，在古老的中国，要想彻底改变愚昧、贫穷、专制和封建伦理道德的多重压迫与束缚，只有一条路可走，那就是引进"德先生"和"赛先生"的新鲜血液，使一直被讥为"东亚病夫"的中华民族重新崛起，站立在世界东方。不然，中国的命运将仍然是一片渺茫。

渐渐地，表哥发现婉莹写文章写得很起劲，就在不断地寄杂志给她的同时，也鼓励她给报刊投稿，公开发表自己的文章。

有一天，她大胆地把自己写的一篇文章拿给表哥刘放园看，表哥读过之后，大为惊喜，觉得这篇文章颇有见地，就在自己编辑的《晨报》上发表了。

这篇文章的题目是《二十一日听审的感想》，写的是离五四运动三个多月后的一天早晨，以封建军阀段祺瑞为首的北洋政府，对十多名被逮捕的爱国学生进行“审讯”时的情景。当时，北京学生联合会组织各校学生去旁听，也是向法院示威，抗议当局逮捕无辜学生，要求立即释放他们。婉莹也参加了这次旁听，回到家里就把当日听审的见闻和感想如实地写了出来。

这篇文章虽然只是一篇纪实性的杂感，还算不上是严格意义上的文学作品，却标志着婉莹在写作道路上迈出了重要的一步。

除了写文章，婉莹还参加了女学界联合会的演剧筹款活动。当时，女学界一些女大学生的演出队在青年会排练节目，婉莹也在其中，参加协和女大的剧目《威尼斯商人》的排练。

五四运动的浪潮，正在把婉莹从狭窄的家庭和学校的圈子里冲卷出来，让她进入更广阔的社会和民众的悲欢之中。

1919 年 9 月 18 日至 22 日的《晨报》上，又连续刊登了一篇题目叫《两个家庭》的白话小说，写的是两对年轻夫妇，在新时代面前所采取的两种不同的生活方式。作者文笔细腻，着重刻画了两位家庭主妇的不同观念和作风，带给丈夫和孩子的不同影响与后果，旨在引导人们去思考，新的时代里，该如何正确地处理家庭问题和夫妇关系。可以说，这是一篇关切“社会问题”主题的小说，作者署名是“冰心”。

“冰心”正是婉莹给自己取的笔名。这是“冰心”这个美丽的笔名第一次公开出现在报刊上。

为什么要取这样一个笔名呢？

曾有不少文学研究者，对这个笔名做过各种各样的猜测。

冰心后来在《冰心全集》的“自序”里做了这样的解释：

“一来是因为冰心两字，笔画简单好写，而且是‘莹’的含义。二来是我太胆小，怕人家笑话批评。冰心这两个字，是新的，人家看到的时候，不会想到这两字和谢婉莹有什么关系。”

原来是这样！

这个笔名的诞生和使用，也标志着一直想当医生的婉莹，正式改变了自己的志向，变成了冰心，走上了文学创作之路。

这一年，冰心 19 岁。

青年人呵！

为着后来的回忆，

　小心着意的描你现在的图画。

（《繁星·一六》）

风呵！

不要吹灭我手中的蜡烛，

　　我的家远在这黑暗长途的尽处。

（《繁星·六一》）

初登文坛的冰心当然明白，明天，还有更漫长的道路在等待着她……

11 “爱”就是真理

有人说，冰心是幸运的，因为她在刚刚起步、创作作品的时候，就得到了亲友、父母亲的扶持和鼓励，十分顺利地走上了文坛。

这当然是一个因素。但是,还有其他更重要的原因。首先，冰心在成为一名作家之前，已经有了一定的阅读量，尤其是对古今中外的诗词、小说，包括一些通俗演义故事，都有了广泛的涉猎。可以说，假如没有一个“小书迷”的基础奠基，那么她走上文学创作之路，也许还需要很长的一段准备时间。其次，她在童年、少年时期，不断地给弟弟们编故事、讲故事，自己也学着创作各种类型的小说习作，这些也都在有意无意中锻炼了她的写作能力，完成了一个作家最初的文字训练。

而当冰心正式开始写小说、诗歌和散文的时候，她的父母亲和弟弟们，也总是她最忠实的第一读者。他们常常帮她斟酌词句，甚至还帮助她设计小说中的人物对话。

而且，冰心从一开始写作，就注重对现实生活的观察、发现与思考，她所写的，都是一些表现真实的“社会问题”的故事，用她自己的话说，“我只想把我所看到的种种问题，用小说的形式写了出来”。因此，她最早创作的一批小说和散文，被文学史家和文学研究者们称为“问题小说”和“为人生的艺术”。这些作品包括小说《三儿》《是谁断送了你》《一个军官的笔记》《超人》《世界上有的是快乐……光明》《斯人独憔悴》《去国》，等等。

1919 年这一年里，她发表了好几篇这样的“问题小说”，一下子就引起了文坛和一些读者的关注，人们对这位年轻的女作家关注底层人生、渴望冲破封建枷锁束缚，试图以小说故事感化社会、改造社会的美好理想和人道情怀，予以了很多赞扬。

不过，就在这一年 11 月，冰心在《晨报》上刊登了一篇类似“创作谈”的文章《我做小说，何曾悲观呢？》，其中说到了这样一件事：

昨天下午四点钟，放了学回家，一进门来，看见庭院里数十盆的菊花，都开得如云似锦，花台里的落叶却堆满了，便放下书籍，拿起灌壶来，将菊花挨次的都浇了，又拿了扫帚，一下一下的慢慢去扫那落叶。父亲和母亲都坐在廊子上，一边看着我扫地，一边闲谈。

忽然仆人从外院走进来，递给我一封信，是一位旧同学寄给我的，拆开一看，内中有一段话，提到我做小说的事情，他说“从《晨报》上读尊著小说数篇，极好，但何苦多作悲观语，令人读之，觉满纸秋声也。”我笑了一笑，便递给母亲。父亲也走近前来，一同看这封信。母亲看完了，便对我说，“他说得极是，你所做的小说，总带些悲惨，叫人看着心里不好过，你这样小小的年纪，不应该学这个样子，你要知道一个人的文字，和他的前途，是很有关系的。”父亲点一点头也说道，“我倒不是说什么忌讳，只怕多做这种文字，思想不免渐渐的趋到消极一方面去，你平日的壮志，终久要销磨的。”

我笑着辩道：“我并没有说我自己，都说的是别人，难道和我有什么影响。”母亲也笑着说道，“难道这文字不是你做的，你何必强辩。”我便忍着笑低下头去，仍去扫那落叶。

从这件事情可见，一是从冰心一开始创作起，她的父母亲就十分关注着她的文学走向，并且能适时地提出各自的意见；二是大家都有一个同感：冰心的这些小说大都是写的社会底层和生活的“阴暗面”的，因此才给人以“悲凉”“悲观”的印象。

对此，冰心坦然地说道：

我总觉得一个人所做的文字和眼前的景物，是很有关系的，并且小说里头，碰着写景的时候，如果要摹写那清幽的境界，就免不了用许多冷涩的字眼，才能形容得出。我每次做小说，因为写景的关系，和我眼前接触的影响，或不免带些悲凉的色彩，这倒不必讳言的。至于悲观两个字，我自问实在不敢承认呵。

再进一步来说，我做小说的目的，是要想感化社会，所以极力描写那旧社会旧家庭的不良现状，好叫人看了有所警觉，方能想去改良。若不说得沉痛悲惨，就难引起阅读者的注意，若不能引起阅读者的注意，就难激动他们去改良。何况旧社会旧家庭里，许多真情实事，还有比我所说的悲惨到十倍的呢。……

…………

“痛恨”和“努力改良”，便是我做小说所要得的结果了。这样便是借着“消极的文 字”，去做那“积极的事业”了。就使于我个人的前途上，真个有什么影响，我也是情愿去领受的，何况决不至于如此呢。

我们说冰心从小就有着男孩般坚毅的个性，从她对自己最初的文学写作态度的坚持上，也不难感知。同时，我们也看到了一个青年作家对于自己的文学追求的自省与自信。

几年之后，当冰心整理自己这些早期的小说，准备出书的时候，她又想到了母亲对她创作这些作品时的关注和鼓励。她在为《冰心全集》写的自序里说：“重温这些旧作，我又是如何的追想当年戴起眼镜、含笑看稿的母亲！我虽然十年来讳莫如深，怕在人前承认，怕人看见我的未发表的稿子。而我每次做完一篇文字，总是先捧到母亲面前。她是我的最忠实最热诚的批评者,常常指出了我文字中许多的牵强与错误。”

当冰心作为一颗文坛新星，冉冉升起的时候，她正在就读的协和女子大学，也发生了一些变化。

当时，协和女子大学，还有设立在通州的华北协和大学，都是由美国基督教会和英国基督教会创办的，分别招收女生和男生。同时，北京还有一所大学，也是美国教会办的，中文名叫“汇文大学”，英文名叫“Peking University”，与由最早的京师大学堂改称的“国立北京大学”的英文同名。

1918 年，华北协和大学与汇文大学两校合并了，但是用什么名字做校名，却一直没有定下来。有人建议叫“北京协和汇文大学”，但大家又觉得这个校名叠床架屋、拖泥带水。后来，全国基督教会建议用北京的旧称“燕京”为校名，可避开与北京大学同名。这个建议得到了校名委员会和全体师生一致的赞同。1919 年初，燕京大学正式挂出了校牌。一年之后，1920 年初，协和女子大学也并入这所大学，成为“燕大女校”。这样，作为协和女子大学学生的冰心，从此也就成了燕京大学的学生。

燕大正式定名后，聘请了在中国杭州出生的美国传教士司徒雷登担任校长。司徒雷登出生于 1876 年，他的父母都是早年从美国来到中国的传教士。司徒雷登是家中四个孩子中的老大，在美国接受了良好的大学教育，1904年结婚后，又被派往中国传教。后来，他又应聘在南京神学院承担了11年教职，并且编写了《新约启示录新注释》和《新约希汉英字典》两本基督教工具书，成为中国基督教神学院普遍采用的教材。

司徒雷登担任燕京大学校长之后，和一些教员一起，仔细研究和创立了办校宗旨与燕大校训。他们出于《圣经》的基督精神和美国大学实行的通才教育、博雅教育的特点，从《圣经》上找到了两句话。

一句是："你应知真理，因真理可以使你自由"（You shall know the truth and the truth shall make you free）；另一句是："你不应被人服务，你应为他人服务"（Not to be ministered unto, but to minister）。他们把这两句话糅合起来，变成了"因真理，得自由，以服务"（Freedom Through Truth For Service），以此作为燕京大学的校训。

学校要求每一位燕京学子，都能悉心体会和感悟这一校训的含义，并且写出文章予以解释和宣扬。从此，这一校训影响了燕大的一代又一代莘莘学子。

年轻的冰心也曾写下了《自由——真理服务》一文，表达了自己对这个校训的独特的理解："一切从心所欲，又无一

1923 年，冰心（右）与燕大同学陶玲（中）、陈克俊（左）。

不含于爱，这时便是‘自由’，真理就是一个字：‘爱’。”

人类呵！
相爱罢，
　我们都是长行的旅客。
　向着同一的归宿。

（《繁星·一二》）

“爱”的真理，“爱”的哲学，从此也与冰心如影相随，伴随了她的一生，贯穿在她的生活、为人、写作之中。尤其是当她成为一位儿童文学作家之后，她更是用自己全部的作品，对这个“爱”字做了最好的阐释。

12 繁星与春水

印度大诗人泰戈尔是世界公认的诗歌大师，他的许多短小的诗歌里，充满了人生的哲理和生命的哲学意味，他因此被誉为“诗哲”。

1920年前后，冰心和弟弟们都迷上了泰戈尔的诗歌，尤其是他那本散文诗名著《飞鸟集》(*Stray Birds*)。

夏天的飞鸟，飞到我的窗前唱歌，又飞去了。

秋天的黄叶，没有什么可唱，只叹息一声，飘落在那里。

世界上的一队小小的漂泊者呀，
请留下你们的足印在我的文字里。

无垠的沙漠狂热地追求一株绿草的爱，
绿草摇摇头，笑着飞开了。

有一次，我梦见大家都是不相识的。
当我醒了，却发现我们原是相亲相爱的。

在多少个秋日的黄昏或漫长的冬夜里，冰心和弟弟们围坐在一起，你一句我一句地，一边念诵、一边翻译着这些流光溢彩的短句。

泰戈尔一生也十分热爱儿童，被誉为“孩子们的天使”。他在一首小诗中曾这样写道：

孩子啊，
你给我的心带来了
风和水潺潺相激的声音，
花卉默默无言的秘密，
云的梦，

黎明天空惊讶的寂然凝视……

人类之爱、大自然和赤脚幼童，是泰戈尔永远感念在心的快乐和诗意的源泉。他曾这样想象过：自己背着一身沉重的货物，在这个世界上到处漂泊。国王发出要抢夺他的货物的恫吓；年迈的百万富翁想用重金购买他的货物；一个美女想以自己的甜美微笑勾引他……但货物的重负依然压在他身上。

最后，一个玩着贝壳的孩子，抱住他的胳膊说："这一切都是我的！"当他不谋取任何报酬而心甘情愿地把自己的货物交给那个孩子时，他才感到终于卸掉了身上的重负。

泰戈尔就是这样心甘情愿地将自己奉献给所有的儿童，包括他的生命，他的心灵，他的诗歌和他所有的财产。

冰心在迷恋着泰戈尔诗歌的同时，也找来了一本英文版的泰戈尔的传记，详细地了解了泰戈尔的生平故事。了解的越多，她越觉得，泰戈尔心中的人类之爱、母爱、大自然之爱和对儿童的热爱……都与自己心中的向往与牵念十分合拍，他那些纯真而优美的诗歌，除了《飞鸟集》，其他如《新月集》《园丁集》《吉檀迦利》等，都让自己一见如故，仿佛看到了自己的一个"心灵的家乡"。冰心觉得，他的诗歌就像春天的花朵与青翠的草叶，给人带来芬芳和清新；也像新月的清辉，像月光下的音乐，使人流连忘返……

从泰戈尔的传记里，冰心看到了这样的故事：

1886 年，泰戈尔的第一个女儿诞生了。他为她取名玛吐莉勒达，大家都亲切地叫她“小素馨花”。可是，当“小素馨花”刚刚 16 岁时，她美丽的母亲——泰戈尔夫人黛维患病去世了。不久，他的第二个女儿莱努迦又患了重病。

根据医生的建议，诗人带着失去了母亲的孩子们到了喜马拉雅山附近的阿尔莫拉山区。他希望孩子们能够摆脱悲哀，多呼吸一下高山的新鲜空气。但孩子们没有了母亲，便日夜缠着父亲。泰戈尔不得不强忍着悲哀和痛苦，细心地倾听着孩子们的谈话，想方设法从她们小小的话题中引出令她们感到快乐的内容。

也就在这样的日子和心境下，他含泪写下了《园丁集》这本诗集。他把它作为美丽的礼物献给了忧伤的孩子们……

然而命运对他的打击还没有完。就在孩子们的母亲去世九个月后，13 岁的莱努迦也死了。她的死给泰戈尔带来更为深重的悲痛。他含泪埋葬了不幸的小女儿。在极度的痛苦中，在悲哀的深渊里，他仿佛听到了另一个声音——

“你的位置在世界彼岸游戏着的孩子的世界中！在那儿，我与你在一起，永远……”

这是他心中的诗神的召唤。他在极大的悲痛中想到了这个世界上更多需要欢乐和幸福的孩子们。

就在这接踵而至的最痛苦的日子里，他的心仍然紧密地关注着他亲自倡建的、并毕生为之献身的桑地尼克坦儿童学校。这是他专门为不幸的孩子们办的一所“花的学校”。

1913 年，当他获得了举世瞩目的诺贝尔文学奖后，他把奖金全部捐献给了桑地尼克坦儿童学校。他期望着更多的孩子生活在自由、幸福和欢乐的土地上。

即使在晚年，泰戈尔仍然关照人们一定要在他的屋子里放置一些圆糖罐头和巧克力盒子，因为有许多孩子常常来看望他，这样孩子们就不会空手而归了。

1941 年 8 月 7 日，白胡子的泰戈尔停止了呼吸。几天前，他创作了一生中的最后一首歌。他希望，在他去世后，孩子们能够为他唱这支歌：

前面是宁静的海洋，
哦，舵手，放下舵吧，
你将成为永远的同伴。
把我抱在怀里，
在无限的道路上，

冰心从心底里深深敬仰着泰戈尔的生命旅程。

《新月集》里有一篇《金色花》，冰心也特别喜欢，不知道读了多少遍。这篇散文诗写了一个小孩子想象着自己变成了一朵金色花，躲藏在一棵大树上，和妈妈玩起了“捉迷藏”的游戏。字里行间充满了纯美的儿童趣味，也传达着动人的亲子之情，饱含真切的生命与成长关怀。幼小的孩子对母亲是那么依恋；慈爱的母亲对自己的孩子是那么牵念、呵护和疼爱。

泰戈尔的诗歌里也充满了人生的哲理。冰心很喜欢那些闪烁着哲理与智慧的光芒的短句。

例如：“我求索我得不到的，我得到了我不求索的。”

又如：“如果你因失去了太阳而流泪，那么你也将失去群星了。”

在《园丁集》里，泰戈尔曾把那失去的东西，比喻为一只“金鹿”：“我追寻着金鹿。你也许会觉得可笑，我的朋友，可是我仍在追寻那逃避我的幻象。”“我把一切所有都撇在身后。我翻山越谷，走遍大地——因为我是在追寻着那只金鹿。”

他是在哪里，在什么时候，失去了自己的“金鹿”的呢？

冰心仔细地阅读着泰戈尔的每一首诗歌，有一天，突然看到了他写的这样一些文字：

有一天午后，在阿姆莱克树林里，当林阴由于阳光悄悄的拥抱而变得肃穆甜美的时候，那只金鹿，撒腿飞奔，宛若一颗爱恋着死亡的流星……

等到暮色降临，屋子里灯火通明，而野外繁星点点，夜色笼罩着大地的时候，金鹿却始终没有返回。

是的，它永远不再回来了！他已经丢失了他的金鹿。他的同伴，一只小狗，呜咽着跑到他的面前，仿佛在向他诉说："我不明白啊！"

…………

我迷失了我的路，我彷徨歧途，我求索我得不到的，我得到了我不求索的。

…………

闪烁的幻象倏忽地飞翔。我想把它紧紧抓住，可是它躲开了我，又把我引入歧途。

这样一些优美而深刻的句子，这样引人入胜的阅读，让冰心感到了一种天赐甘霖一般的润泽与享受。

在1920年8月30日这天，当父母亲和弟弟们都睡下了，她却辗转反侧，难以入睡。

她悄悄地披衣起来，坐在书桌前，铺开稿纸，动情地写下了一篇题为《遥寄印度哲人泰戈尔》的散文诗：

泰戈尔！美丽庄严的泰戈尔！当我越过“无限之生”的一条界线——生——的时候，你也已经越过了这条界线，为人类放了无限的光明了。

只是我竟不知道世界上有你——

在去年秋风萧瑟、月明星稀的一个晚上，一本书无意中将你介绍给我，我读完了你的传略和诗文——心中不作别想，只深深地觉得澄澈……凄美。

这篇写于深夜的散文诗，就像19岁的少女写给心中的恋人的第一封“情书”，字里行间流淌着热烈和真挚的情愫。当然，这封“情书”是无法抵达诗人身边的，“只不过倾吐我的心思，何尝求你知道”。

她在文章最后这样写道：“泰戈尔！谢谢你以快美的诗情，救治我天赋的悲感；谢谢你以超卓的哲理，慰藉我心灵的寂寞。”

纯真、澄澈的泰戈尔，是冰心走上文学写作的道路之后，遇见的第一位“精神导师”。泰戈尔对她产生的影响，除了心灵和精神上的，还有一个更直接、更伟大的结果，就是促成了她的《繁星》和《春水》这两本“小诗”的问世。

我们先来看看冰心在1921年为《繁星》写的那篇短小的自序：

> 1919年的冬夜，和弟弟冰仲围炉读泰戈尔的《迷途之鸟》（*Stray Birds*），冰仲和我说：“你不是常说有时思想太零碎了，不容易写成篇段么？其实也可以这样的收集起来。”从那时起，我有时就记下在一个小本子里。
>
> 1920年的夏日，二弟冰叔从书堆里，又翻出这小本子来。他重新看了，又写了“繁星”两个字，在第一页上。
>
> 1921年的秋日，小弟弟冰季说：“姊姊！你这些小故事，也可以印在纸上么？”我就写下末一段，将它发表了。
>
> 是两年前零碎的思想，经过三个小孩子的鉴定。《繁星》的序言，就是这个。

《繁星》收入小诗 164 首，由上海商务印书馆于 1923 年 1 月出版，这是 1930 年的版本。

《春水》收入小诗 182 首、诗 29 首，由新潮社于 1923 年 5 月出版，这是 1927 年 1 月的版本。

这篇自序把《繁星》以及《春水》是怎么诞生的，交代得十分清楚了。一是这些小诗，是受到了泰戈尔的《迷途之鸟》(即《飞鸟集》) 的启发的；二是冰心把这些小诗称为“零碎的思想”，换句话说，也就是一些哲理短句。

后来，冰心又写过一篇《我是怎样写〈繁星〉和〈春水〉的》文章，更详细地交代了这些“零碎的思想”的来龙去脉：

“五四”以后，在新诗的许多形式中，有一种叫做“短诗”或“小诗”的。这种诗很短，最短的只有两行，因为我写过《繁星》和《春水》，这两本集子里，都是短诗，人家就以为是我起头写的。现在回忆起来，我不记得那时候我读过多少当代的别人的短诗没有，我自己写《繁星》和《春水》的时候，并不是在写诗，只是受了泰戈尔《飞鸟集》的影响，把自己许多“零碎的思想”，收集在一个集子里而已。

经过是这样的：五四运动的时候，我还在大学预科，新文化的高潮中，各种新型的报刊多如雨后春笋，里面不但有许多反帝反封建的文章论著，也有外国文学的介绍批评，以及用白话写的小说、新诗、散文等。在我们求知欲最旺盛的时候，我们在课外贪婪地阅读这些书报，就是在课内也往往将这些书报压在课本底下，公开地“偷看”，遇有什么自己特别喜欢的句子，就三言两语、歪歪斜斜地抄在笔记本的眉批上，这样做惯了，有时把自己一切随时随地的感想和回忆，也都拉杂地三言两语歪歪斜斜地写上去。日子多了，写下来的东西也有相当的数量，虽然大致不过三五行，而这三五行的背后，总有些和你有关的事情，看到这些字，使你想起很亲切很真实的情景，而舍不得丢掉。

这时我偶然在一本什么杂志上，看到郑振铎译的泰戈尔《飞鸟集》连载……这集里都是很短的充满了诗情画意和哲理的三言两语。我心里一动，我觉得我在笔记本的眉批上的那些三言两语，也可以整理一下，抄了起来。在抄的时候，我挑选那些更有诗意的，更含蓄一些的，放在一起，因为是零碎的思想，就选了其中的一段，以繁星两个字起头的，放在第一部，名之为《繁星集》。

1922年元旦，《繁星》里的文字第一次刊登在《晨报》

副刊上，与读者见面了。

繁星闪烁着——
　深蓝的太空，
　何曾听得见他们对语？
沉默中，
　微光里，
　　他们深深的互相颂赞了。

《繁星·一》

残花缀在繁枝上；
鸟儿飞去了，
　　撒得落红满地——
　　　　生命也是这般的一瞥么？

《繁星·八》

《繁星》连续发表后，获得了很多读者的喜爱。在读者、朋友和家人的鼓励下，冰心又动笔写起了《春水》。《春水》在出版时，冰心借用了《繁星》第120节的那段文字，作为《春水》的自序。

母亲呵！

这零碎的篇儿，
　　你能看一看么？
这些字，
　　在没有我以前，
　　已隐藏在你的心怀里。

这似乎也暗含着冰心的一层心意：这些诗篇是献给自己敬爱的母亲的，伟大的、无私的母爱，正如涓涓不息、滋润万物的春水：

春水！
　　又是一年了，
　　还这般的微微吹动。
　可以再照一个影儿么？

春水温静的答谢我说：
　　“我的朋友！
　　我从来未曾留下一个影子，
　　　不但对你是如此。”

《春水·一》

《繁星》《春水》是冰心早年创作的两部诗集，都出版于1923年，迄今已近百年了。这两本书里的短诗就像涓涓春水、点点繁星，以小见大，滴水藏海；又如碎小的思想和语言的钻石，颗粒点点，却光华灼灼，晶亮耀目，至今读来仍然脍炙人口，生机无限，字里行间散发着浓郁的诗意，也闪耀着迷人的哲理的光芒。

泰戈尔的诗歌里充满了母爱的主题、童年的主题和大自然的主题。在冰心的《繁星》和《春水》里，这三个主题都得到了深情而优美的表现。

她的许多章段，都是最温暖、最真挚、最柔和的母爱的颂歌。

她这样歌唱：

母亲呵！
天上的风雨来了，
　　鸟儿躲到它的巢里；
心中的风雨来了，
　　我只躲到你的怀里。

（《繁星·一五九》）

母亲呵！

撇开你的忧愁，

容我沉酣在你的怀里，

只有你是我灵魂的安顿。

（《繁星·三三》）

像泰戈尔一样，冰心也那么热爱儿童，热烈地讴歌着儿童的单纯与天真。她认为，孩子们“细小的身躯里，含着伟大的灵魂”。她赞美说：

婴儿，

在他颤动的啼声中

有无限神秘的语言，

从最初的灵魂里带来

要告诉世界。

（《春水·六四》）

她甚至说，当我们聆听着孩子纯净的呢喃之音时，几乎可以把苍白无力的笔抛弃了，因为在她看来，每一个婴孩都是“伟大的诗人”，他们“在不完全的言语中，吐出最完全的诗句”。

冰心更是大自然的女儿。她说：

我们都是自然的婴儿，
　　　卧在宇宙的摇篮里。

（《繁星·一四》）

她相信，大自然的微笑，能融化人类相互间的怨恨。我们已经知道了，冰心从小跟随家人在大海边生活，她热爱大海，大海也是她心目中的大自然。她这样诉说自己对童年的山与海的思念：

故乡的海波呵！
你那飞溅的浪花，
从前怎样一滴一滴的敲我的磐石。
　现在也怎样一滴一滴的敲我的心弦。

（《繁星·二八》）

儿时的朋友：
海波呵，
　山影呵，

灿烂的晚霞呵，

　悲壮的喇叭呵；

我们如今是疏远了么？

（《繁星·四七》）

除了母爱、孩童、大自然这些主题，《繁星》和《春水》里还有许多篇章，充满了隽永的理趣、哲思和励志色彩，其中不少章节，一代代读者都耳熟能详。例如：

弱小的草呵！

骄傲些罢，

　只有你普遍的装点了世界。

（《繁星·四八》）

成功的花，

　人们只惊慕她现时的明艳！

　　然而当初她的芽儿，

　　浸透了奋斗的泪泉，

　　洒遍了牺牲的血雨。

（《繁星·五五》）

修养的花儿

　　在寂静中开过去了，

成功的果子

　　便要在光明里结实。

（《春水·一二五》）

繁星永照，春水长流。冰心和她的作品里所散发出来的爱与美的光辉、诗与真的魅力，照耀着、温暖着，也引领着后来的一代代中国儿童文学作家。可以说，在那些春水奔腾过的地方，如今到处是鲜花的洪流。

13 校园弦歌

校园的绿荫下，飘荡着莘莘学子的苦乐年华。一曲曲校园弦歌里，也奔腾着青春的绚丽梦想和无敌力量。

从 18 岁到 23 岁，冰心在美丽的燕京大学校园里，度过了五年追梦的青春时光。其中从 1918 年秋天到 1921 年秋天，她读完了以医学为方向的理预科；1921 年 8 月，从理预科毕业后，又进入了燕大国文本科。

本来，预科毕业后，她可以直接升入医学本科，继续她想当医生的梦想。可是，就在她预科即将毕业前夕，一次体检时，校医发现她的肺部有点毛病。

冰心的肺病是因为遗传而得的。冰心之所以想学医、将来当医生，就是因为自己的妈妈有肺病。妈妈只要一劳累，就会吐血。冰心还是婴儿的时候，才四个月大，有一次吐奶时就带出了血丝，当时可把妈妈吓坏了！妈妈的肺病遗传给了她，一直纠缠到她成年之后和晚年。

肺部有毛病，当然是不适合继续学医的。在她的导师和同学的劝说下，加上家人对她的劝慰，她在左思右想之后，终于下定决心，忍痛放弃了一直以来想当一名医生、好给妈妈治病的梦想，在读燕大本科时，由理科转入了国文系。

时间证明，她的选择是对的。燕京大学的学生中少了一名未来的医生，却从此给中国和世界贡献了一位作为诗人和文学家的杰出校友！

我对燕京大学的希望：第一，就是希望本校的女生，从今得与男子受同等的教育，将来在社会上的服务和发展，也是和男子同等；第二，就是现在男女两校的校舍，都太嫌狭窄，我们要建筑一个大规模的学校。……第三，希望男女青年的道德，都趋向光明协力的方向。第四，便是希望我校的学员，出校以后，都去做国家、社会中坚的人物，以所得的学问，改造中国……

这是燕京大学校长司徒雷登给学生们的一篇演讲训词。

冰心在燕大读书期间，牢记着这几句话："出校以后，都去做国家、社会中坚的人物，以所得的学问，改造中国……"

还有燕大的校训"因真理，得自由，以服务"，冰心也很喜欢，在心中作为自我励志的一句座右铭。

当时，燕京大学除了全校的"校训"，每一个年级里，还有自己的"级训"。冰心所在的那一级的"级训"是"仁爱与和平"。

这个"级训"也甚为合乎冰心的理想。

当她们这一年级快要毕业的时候，她已经是许多青年学子所崇拜的、拥有了很多"粉丝"的女作家了，同学们推举她为她们这一级的《同级录》作序，她这样写道：

"在'仁爱与和平'里，我们携带着同一的使命，奔向着同一的前途。填崎岖为平坦，化黑暗为光明，为着要坚诚持守我们的誓愿，在分途出发之前，大家同心地、慷慨地将影儿聚在一起，互相提醒，互相勉励，还要印证数十年后，我们 39 人中，是否没有一个落伍者。"

燕大的校园生活是丰富多彩的，冰心因为多才多艺，很快就成为了学生中的活跃分子。写报道，编刊物，参加社会赈灾义演，参加校园剧社，开设平民夜校，办识字班……每一项活动，冰心都没有“落伍”。

1920年夏秋时节，中国北方发生了数百年未遇的大旱灾，赤地千里，饿殍遍野，许多地方的农村都变成了“荒村”。

为了赈救北方五省灾民，燕京大学的学生开展了一系列的赈灾活动。这年10月上旬，燕大女校青年会的理事部议决与男校青年会共同组织一台义演募捐会，冰心被选为女校新剧委办的成员。

当时，比利时作家莫里斯·梅特林克的戏剧很有影响，学生们决定首先排演梅特林克有名的梦幻童话剧《青鸟》。

梅特林克像诗人泰戈尔一样，也是一位诺贝尔文学奖获得者。《青鸟》是一部梦幻童话剧，也是梅特林克的代表作。故事讲的是一位樵夫的儿子蒂蒂尔和女儿米蒂尔，在圣诞节前夜梦见了一位仙女。她看上去就像是邻居贝尔兰戈太太，她让两个孩子到外面去给她生病的孙女寻找青鸟。因为只有青鸟能够救活她的小孙女。于是，兄妹俩用仙女赐予的魔钻，召来了火、水、牛奶、面包、糖、猫、狗等的拟人化的“灵魂”，并和它们一起踏上了寻找青鸟的旅途。

在寻找青鸟的过程中，他们历尽了千辛万苦，一次次失败，又一次次从头再来。每一次找到的青鸟总是得而复失。早晨，当兄妹俩被妈妈叫醒的时候，那位容貌像仙女的邻居太太，来为她得病的孙女讨圣诞礼物。她说小孙女很想要蒂蒂尔笼中的小鸟。蒂蒂尔答应把小鸟给她。这时，他发现笼中的小鸟的羽毛慢慢变成了青色。原来,小鸟正是他梦中寻找的青鸟。

这部童话剧告诉观众一个道理：其实，青鸟用不着跋山涉水、历尽艰辛地去寻找，青鸟就在每个人的周围。只要你把幸福送给了别人，你就会看见美丽的青鸟。剧中的青鸟，原来就是幸福的象征。

冰心的英文好，很快把它译成了中文。主角“光明之神”请一位男生扮演，冰心被推举担任了另一个次要角色。

1920 年 11 月 27 日这天，冰心和同学们排演的《青鸟》在北京青年会公演，首场演出剧场爆满，700 多个座位都坐满了观众，许多人甚至因为没有票而不能入场。

让冰心和同学们特别兴奋的是，那天，大作家鲁迅先生陪同着正在北京过着流浪生活的俄国盲诗人爱罗先珂，也来观看了演出。他们的演出得到了鲁迅和爱罗先珂的赞许。首场演出就为灾民募捐了 1200 多元。

这次救灾活动,从 1920 年 10 月一直进行到 1921 年 6 月。为了纪念救灾活动，燕大学生会还编印了一册《燕大赈灾报告》，冰心应邀写了一篇“发刊词”。

燕大还有一个良好的校风，就是经常发动学生“到民间去”做各种各样的社会调查，锻炼学生们从中寻求改良社会的途径和方法。不仅课堂上开设了“社会学”课程——冰心后来的一位学生、儿童文学作家葛翠琳，就是从燕大社会学系毕业的，而且，学校的刊物《燕京大学季刊》上，也经常刊登学生们写的调查报告。

冰心是这份刊物的编辑之一。她在《燕京大学季刊》1920年9月出版的第一卷第三期上，为一份调查报告写的一篇类似“编者按”的短文《北京社会的调查》里说：“医生要治病，必要先明了病情；我们要改良社会，亦必要先知道社会的情况。若不实地去和社会接触，决不知道社会的病在哪里。闭门造车，空谈理论是不中用的。”

开设平民夜校，办识字班，也是当时燕大学生们从事的一种知识启蒙和文化普及工作。燕大的女生们在学校附近的佟府夹道一带，为一些没有念过书、不识字的平民女子，义务开办了夜校，给她们上“注音识字课”，冰心被学生会派去做“校长”。

此外，燕大学生还创造了一种“半日学校”，专门招收失学的平民子弟，按照国民学校四年级的课程，对他们进行教育，只要毕业时考试及格了，就发给他们证书。冰心在“半日学校”里担任义务教师，教这些失学的子弟学习国文。在冰心心目中，这样一些活动，正是对燕大校训中的要为国家和社会“服务”的最佳实践。

1922年，是冰心在燕大读书的最后一年。这年冬天，燕京大学选定西郊海淀筹建新校。这时，为母校募捐，成了学生剧团的重要活动之一。冰心又是翻译外国剧本，又是当导演，有时还亲自扮演剧中的角色，成了学生剧团里最活跃的一员。她们当时还演出了好几出莎士比亚的戏剧，如《第十二夜》等。当时，另一位名作家、名教授周作人，也兴致勃勃地跑来观看冰心她们的演出。回去后，周作人还亲自写了一篇《燕大女校扮演莎士比亚名剧》的报道，刊登在1922年12月18日出版的《晨报》副刊第四版“爱美的消息”栏里。

燕京大学有一个有名的“金钥匙奖”。这个奖项是中国“斐托斐名誉学会”（Phi Beta Kappa）设立的，旨在鼓励那些学业有成和愿意忠诚服务社会的会员。每当一届学生毕业的前夕，斐托斐名誉学会燕京分会会在毕业生中评选出品性、学业成绩、服务精神都优良的学生，作为自己的新会员。

经老师们推荐和评委会评定，冰心成为了她这一届毕业生中的“金钥匙奖”获得者之一。

1923年7月，在燕京大学庄严、隆重的毕业典礼上，冰心从校长手中接过了毕业证书和文学学士学位证书，同时也接受了斐托斐荣誉学会授予的当届“金钥匙奖”。

几乎在同时，又一个好消息传来：因为学业优秀，冰心获得了燕京女大的姊妹学校——美国威尔斯利女子学院的奖学金。这项奖学金是由当时的美国副国务卿斯汀生捐助的，给燕京大学女校优秀生的奖学金是两年，每年800美元。获得这份奖学金就意味着，冰心在燕大毕业之后，可以到美国继续留学学习。

此时，毕业的离歌已经响起。

> 训练的课程，从兹完毕；服务的生涯，从兹开始；数年的相聚，从兹分手，只留下现在的面庞，和年前的往事，印在这小本子上，来作寂寞时的慰安……
>
> …………
>
> 别了！我的级友，只要我们在烦闷消沉、低回翻阅这一本书的时候，能以憧憬着无限的往事，激触起无限的前途，《同级录》的价值，就在世界一切的书籍以上了！

在离歌声中，冰心在《燕京大学一九二三级同级录》的序言里这样写道。

风华正茂。冰心摄于 1923 年。

14 与幼小者

在燕京大学读书期间，冰心作为一颗光彩熠熠的文学新星，虽然已经升上了文学的天空，但是，这个时候还没有谁把她视为“儿童文学作家”。

《繁星》和《春水》里虽然也有母爱的主题、童年的主题、大自然的主题，她的那些“问题小说”里虽然也有以小孩子为主人公的，但是，她自己想象中的读者对象，并不是儿童。

她后来在为《冰心全集》写的自序里说：

……那时几乎每星期有作品，而且多半是问题小说，如《斯人独憔悴》，《去国》，《庄鸿的姊姊》

之类。

这时做功课，简直是敷衍！下了学，便把书本丢开，一心只想做小说。眼前的问题做完了，搜索枯肠的时候，一切回忆中的事物，都活跃了起来。快乐的童年，大海，荷枪的兵士，供给了我许多的单调的材料。回忆中又渗入了一知半解、肤浅零碎的哲理。……

那么，究竟是什么机缘，使她开始为小读者创作，最终成为一代儿童文学大家的呢?

仔细寻绎她的写作轨迹，我们看到，在1920年8月28日的《晨报》文艺副刊上，有冰心写的一篇小散文故事《一只小鸟——偶记前天在庭树下看见的一件事》。

这篇小故事富有童话色彩，文字清浅，故事的主角也是小鸟和孩子，可以视为一篇标准的儿童文学作品：

有一只小鸟，它的巢搭在最高的枝子上，它的毛羽还未曾丰满，不能远飞；每日只在巢里啁啾着，和两只老鸟说着话儿，它们都觉得非常的快乐。

这一天早晨，它醒了。那两只老鸟都觅食去了。

它探出头来一望，看见那灿烂的阳光，葱绿的树木，大地上一片的好景致。它的小脑子里忽然充满了新意，抖刷抖刷翎毛，飞到枝子上，放出那赞美“自然”的歌声来。它的声音里满含着清—轻—和—美，唱的时候，好像“自然”也含笑着倾听一般。

树下有许多的小孩子，听见了那歌声，都抬起头来望着——

这小鸟天天出来歌唱，小孩子们也天天来听它，最后他们便想捉住它。

它又出来了！它正要发声，忽然嗤的一声，一个弹子从下面射来，它一翻身从树上跌下去。

斜刺里两只老鸟箭也似的飞来，接住了它，衔上巢去。它的血从树隙里一滴一滴的落到地上来。

从此那歌声便消歇了。

那些孩子想要仰望着它，听它的歌声，却不能了。

写的是一只小鸟遭遇的不幸，对小孩子来说，也是最形象的、最能触动他们幼小心灵的“爱的教育”的故事。

这是冰心 20 岁时写的一篇作品。这时候她大概还没有想到，自己会成为一名儿童文学作家。

又过了三年，当她开始为《晨报》的“儿童世界”专栏撰稿时，使她成为儿童文学作家的机缘终于到来了。

1923年7月24日，就在她从燕大毕业后，正在为出国留学做准备的时候，《晨报》副刊第四版上，出现了一个新开辟的专栏，叫“儿童世界”。这期“儿童世界”上刊登了周作人译写的一篇格林童话，同时还有一则编者的话，其中特别提到，冰心女士提议过好几回，本刊应该加添一些适合儿童的读物，编者是非常赞成的，只不过实行起来却是一件难事。为什么呢？因为“儿童的读物，一方面要采集，一方面也需创作，但现在哪一方都没有人。因为没有人，所以这一件事延搁到今日”。

也就是说，当时很少有人采集或创作适合儿童阅读的作品，更不要说有什么“儿童文学作家”了。

正是这一则编者的话，引起了冰心不小的触动。

她当时就想，既然这个专栏是自己多次倡议开设的，那她自己就应该带头为儿童写点什么。

说到做到。就在第二天，冰心写出了一篇《给“儿童世界”的小读者》——也就是后来收入《寄小读者》一书中的“通讯一”：

似曾相识的小朋友们：

我以抱病又将远行之身，此三两月内，自分已和文字绝缘；因为昨天看见《晨报》副刊上已特辟了“儿童世界”一栏，欣喜之下，便借着软弱的手腕、生疏的笔墨，来和可爱的小朋友，作第一次的通讯。

在这开宗明义的第一信里，请你们容我在你们面前介绍我自己。我是你们天真队里的落伍者——然而有一件事情，是我常常用以自傲的：就是我从前也曾是一个小孩子，现在还有时仍是一个小孩子。为着要保守这一点天真直到我转入另一个世界为止，我恳切地希望你们帮助我，提携我，我自己也要永远勉励着，做你们的一个最热情最忠实的朋友！

小朋友，我要走到很远的地方去。我十分的喜欢有这次的远行，因为或者可以从旅行中多得些材料，以后的通讯里，能告诉你们些略为新奇的事情。——我去的地方，是在地球的那一边。我有三个弟弟，最小的十三岁了。他念过地理，知道地球是圆的。他开玩笑地和我说：“姊姊，你走了，我们想你的时候，可以拿一条很长的竹竿子，从我们的院子里，直穿到对面你们的院子里去，穿成一个孔穴。我们从那孔穴里，可以彼此看见，我看看你别后是否胖了，或是瘦了。”小朋友想这是可能的事情么？……

在这封通讯里，冰心还向小读者们“承诺”说，以后只要一有时间，就不会让这样的通讯中断，而且一定不会“以成人烦杂之心，来写这通讯”。

这封通讯刊登在1923年7月29日《晨报》的“儿童世界”上。从此，冰心就与小读者结下了不解之缘。

影响了一代又一代小读者的儿童文学经典名作《寄小读者》，就这样开始了它的第一篇。冰心作为一位杰出的儿童文学作家，由此也迈出了自己的第一步……

15 远航的大船

离出国的日子越来越近了……

冰心此去，将漂洋过海，第一次这么长时间、又以这么遥远的距离，与自己敬爱的父母亲、与朝夕相处的亲爱的弟弟们，也与自己的祖国分别，不用说，每个人的心中都是那么依依不舍。

她在《寄小读者·通讯五》中这样写道："……自从去年得有远行的消息后，我背着母亲，天天数着日子，日子一天一天的过了，我也渐渐的瘦了。大人们常常安慰我说：'不要紧的，这是好事！'我何尝不知道是好事……"

她记得，父亲曾经这样跟她说过："我 17 岁离家的时候，祖父嘱咐我说，‘外出只守着两个字：勤，慎。’……”

当时，她只是想到，立志出乡关，仗剑走天下，那是男儿们的平常事，现在，没想到轮到她自己“立志出乡关”了！

她在另一篇文章《往事（二）》中，也详细地记下了自己去国前，母亲尤其是弟弟为涵、为杰的那种依依不舍的离愁：

……涵不言语，杰叹了一口气，半晌说：“母亲说……她舍不得你走，你走了，她如同……但她又不愿意让你知道……”

几个月来，我们原是彼此心下雪亮，只是手软心酸，不敢揭破这一层纸。然而今夜我听到了这意中的言语，我竟呆了。

忽然涵望着杰沉重的说：“母亲吩咐不对莹哥说，你又来多事做什么？”

暂时沉默——这时电灯灿然的亮了，明光里照见他们两个的脸都红着。

杰嗫嚅着说：“我想……我想不要紧的……”

涵截住他：“不，我不许你说！”声音更严厉了。

这时杰真急了，觉得过分的受哥哥的呵斥。他也大声的说：“瞒别人，难道要瞒自己的姊姊？”他负固的抵抗着。

我已丧失了裁判的能力，茫然的、无心的吹灭了蜡烛，正要勉强的说一两句话——

涵的声音凄然了，“正是不瞒别人，只瞒自己的姊姊呢！”

这段文字写得缠绵悱恻，令人感受到这人间亲情的真挚与浓厚。

动身的日子到了。

这天，吃午饭的时候，妈妈忍不住，一看见女儿，眼泪就流了出来。冰心鼻子一阵发酸，哽咽着叫道：“妈……”

然后紧紧地挨着妈妈坐下，用冰凉颤抖的手，抓住妈妈的手，再也不肯放开。母女俩，还有弟弟们，都哽咽着吃不下饭。

马车来了，冰心不能不走了。细心的妈妈担心自己和女儿都会过于悲伤，就没敢出来送行。为冰心送行的，是她的弟弟们，还有舅舅家的孩子们。

他们一起坐上马车，直奔火车站。她最小的弟弟为杰，看到火车就要开动了，又一次依依不舍地流下了眼泪。

冰心此行，是先坐火车，沿着津浦路南下，经过山东境内的泰安、临城……然后到达上海，在上海等着上船。

到了上海，她在这里休息了几天，接待了不少前来看望和送别的亲戚朋友。当然，最主要的，她还惦记着给《晨报》“儿童世界”栏目的小读者们的承诺，就在从上海登船的时候，一连写出了三篇《寄小读者》通讯。

她在《寄小读者·通讯二》里，写到了这样一件令人难忘的小事，曾经感动过无数的小读者：

去年的一个春夜——很清闲的一夜，已过了九点钟了，弟弟们都已去睡觉，只我的父亲和母亲对坐在圆桌旁边，看书，吃果点，谈话。我自己也拿着一本书，倚在椅背上站着看。那时一切都很和柔，很安静的。

一只小鼠，悄悄地从桌子底下出来，慢慢地吃着地上的饼屑。这鼠小得很，它无猜的、坦然的，一边吃着，一边抬头看看我——我惊悦的唤起来，母亲和父亲都向下注视了。四面眼光之中，它仍是怡然的不走，灯影下照见它很小很小，浅灰色的嫩毛，灵便的小身体，一双闪烁的明亮的小眼睛。

小朋友们，请容我忏悔！一刹那顷，我神经

错乱的俯将下去，拿着手里的书，轻轻地将它盖上。——上帝！它竟然不走。隔着书页，我觉得它柔软的小身体，无抵抗地蜷伏在地上。

这完全出于我意料之外了！……

因为她的好奇和无意中的失手，这只小鼠最终失去了生命。接着，她在这封通讯中写道：

我从惊惶中长吁了一口气。母亲慢慢也放下手里的书，抬手看着我说："我看它实在小得很，无机得很。否则一定跑了。初次出来觅食，不见回来，它母亲在窝里，不定怎样的想望呢。"

从此，母亲的这几句话，被冰心牢牢地记在了心里，记了一辈子！即使到晚年，她也时常叮嘱身边的人，叮嘱认识和不认识的小孩子，不要无缘无故地伤害任何一个小生命。

她接着写道：

安息的时候到了，我回到卧室里去。……我徘徊了半天，心里不知怎样才好——我没有换衣服，只倚在床沿，伏在枕上，在这种状态之下，静默了有十五分钟——我至终流下泪来。

至今已是一年多了，有时读书至夜深，再看见有鼠子出来，我总觉得忧愧，几乎要避开。我总想是那只小鼠的母亲，含着伤心之泪，夜夜出来找它，要带它回去。

…………

我小时曾为一头折足的蟋蟀流泪，为一只受伤的黄雀呜咽；我小时明白一切生命，在造物者眼中是一般大小的；我小时未曾做过不仁爱的事情，但如今堕落了……

今天都在你们面前陈诉承认了，严正的小朋友，请你们裁判罢！

她在这封通讯里表达了自己深深的愧悔，也为后来的孩子们留下了一个永远的“教训”。

从这件小事上，我们似乎也能想象，为什么冰心毕生都那么注重和富有爱心，都那么呼吁和倡导对幼小者的仁爱。

1923年8月17日，随着一声汽笛长鸣，一艘远航的大船，缓缓地驶离了黄浦江码头，驶离了吴淞口，朝着浩瀚的太平洋驶去了……

这艘大船就是开往美国的“约克逊号”邮船。

冰心站在船舷上，眸子里含着晶莹的泪花。

几天后，在这条远航的大船上，她写下了三首思念母亲的诗歌：《惆怅》、《纸船——寄母亲》和《乡愁》。

我们曾在前面引述过诗歌名作《纸船——寄母亲》，其中写道：

母亲，倘若你梦中看见一只很小的白船儿，
　不要惊讶它无端入梦。
这是你至爱的女儿含着泪叠的，
　万水千山，求它载着她的爱和悲哀归去。

16 在浩瀚的太平洋上

澄净、辽阔的蓝天上，飘浮着大团大团洁白、轻盈的云朵。

不，不是飘浮，而是静静地停在那里，一动也不动的样子，就像一座座纯白的棉花山……

当然，棉花山会在你不知不觉的时候，无声地变换成新的姿态……

棉花山的下面，就是湛蓝湛蓝的、浩瀚无边的大海……

有谁在丽日蓝天下的太平洋上航行过，仰望过太平洋上空美丽的云景，那你一定会感到惊讶：原来世界上真的有如此洁白、纯净和安静的云朵呢！

冰心乘坐的“约克逊号”游轮吐着轻烟，已经在太平洋上航行了一个多星期了。

这个从小就在大海边成长、心中一直迷恋着大海的少女，几乎每天都会站在或俯身在船舷边，看着下面翻卷的浪花，看着海鸥不知疲倦地追逐在船尾，一声声地高唱着……当然，也只有她自己明白，她的心里也在不停地翻腾着无尽的乡愁。

这一个星期里，她想得最多的就是自己的妈妈。

前几天，当"约克逊号"抵达日本神户港的时候，她曾独自登上了邮船的最高点，好像要回望一下自己"可爱的海棠叶形的祖国"和家乡一样。

自然，除了异国的桅杆和灯火，故国和家乡是根本望不到的。

她的心中惦记着妈妈的健康，也牢记着对小朋友们的诺言。所以，只要想念妈妈和亲人的时候，她就命令自己拿起笔来，给小朋友写通讯，好像在用写作来排解对妈妈、对亲人们的思念一样。

她在8月20日写的《通讯七》里写道：

八月十八夜，正是双星渡河之夕，晚餐后独倚栏旁，凉风吹衣，银河一片星光，照到深黑的海上。远远听得楼栏下人声笑语，忽然感到家乡渐远。繁星闪烁着，海波吟啸着，凝立悄然，只有惆怅。

十九日黄昏，已近神户，两岸青山，不时的有渔舟往来。日本的小山多半是圆扁的，大家说笑，便道是“馒头山”。这馒头山沿途点缀，直到夜里，远望灯光灿然，已抵神户，船徐徐停住，便有许多人上岸去。我因太晚，只自己又到最高层上，初次看见这般璀璨的世界，天上微月的光，和星光，岸上的灯光，无声相映。不时的还有一串光明从山上横飞过，想是火车周行。……舟中寂然，今夜没有海潮音，静极心绪忽起：“倘若此时母亲也在这里……”

写到这里，她感到一阵揪心般的难受，再也写不下去了。

“小朋友，恕我，不能往下再写了。”

第二天下午，轮船起锚后，继续向横滨方向驶去……

这一段航程里，因为海上起了风浪，同船的许多人都开始晕船了。可是，从小见惯了海上的风浪、也习惯了舰船上的颠簸的冰心，却是一点也不惊慌。船上的人都回到自己的舱位里了，只有冰心还迎着海风站在船舷边，好像在故意迎接大海的挑战。

这一瞬间，她还想起了爸爸在临行前开玩笑似的对她说过的一句话："你此番横渡辽阔的太平洋，应该是不会晕船的，不然就不是我的女儿了，哈哈……"

此刻，她很想亲口对爸爸说："怎么样？婉莹不愧为您的儿女，不愧为大海的女儿吧？"

21日傍晚，邮船靠近了横滨港口。冰心忽然来了灵感，想到了发生在世界各地的"漂流瓶"的故事，便俯在轮船的栏杆上，写了几张小字条，分别装进了几个放胶片用的锡筒里，权当是"漂流瓶"，封好口，一一把它们投到了海水里。

她在纸条上写的是美丽的祝福的句子：

"不论是哪个渔人捡着，都祝你幸运。我以东方人的至诚，祈神祝福你东方水上的渔人！"

她在心里祈祝着，至少能有一个漂流瓶，漂流到祖国的海岸边吧？

"约克逊号"离开日本海岸后，在到达最后的目的地之前，再也没有可以停靠的港口了。

此后的日子里，冰心所有的乡思和乡愁，都将交付给海天一色的茫茫太平洋，交付给她在《繁星》里多次吟唱过的海波了——

早晨的波浪，
　　已经过去了；
晚来的潮水，
　　又是一般的声音。

（《繁星·七九》）

伴随着“约克逊号”邮轮上的日日夜夜，不断袭来的是深深的寂寞和想家的时刻。

好在不久，冰心就与一同乘坐“约克逊号”邮轮去美国的几位朋友熟识了。其中就有一位言语不多、却显得十分成熟的英俊青年，名叫吴文藻。

吴文藻告诉冰心，他到美国后，会先去缅因州的达特默斯学院学习社会学。冰心告诉吴文藻说，她到美国后，准备选修英国 19 世纪的诗歌。

吴文藻一听，高兴地说：“那你和我的一位同学是同道了！我来介绍你们认识。”

吴文藻的这位同学，就是后来的作家、翻译家和大学者梁实秋。

梁实秋和冰心这个时候在文坛上都有一定的知名度了，而且都热爱诗歌，并且也都有志于研究英国文学，所以一见如故。

不久后的一天，梁实秋觉得，在太平洋上的航行，旅程太遥远，每天过得也太单调了，应该想法子活跃一下船上的“精神生活”。

于是，他想到一个主意：在船上创办一份文学壁报，邀请熟识的朋友都来写稿，大家互相欣赏，这样可以让大海上的日子多一点不一样的色彩。

梁实秋的提议得到了船上同道们的一致赞同，大家决定把这份临时的壁报命名为《海啸》。

第一期《海啸》上，刊登了梁实秋译的一首英文诗歌《约翰，我对不起你》，惹得大家纷纷围过来欣赏。

冰心也十分高兴地接受了梁实秋的邀请，答应为《海啸》写稿。

在无边无际的太平洋上航行的日子里，冰心把自己想念妈妈、想念亲人的情思，化作了真挚、缠绵的诗行。我们在前面说到过，她在“约克逊号”上写的《惆怅》《纸船——寄母亲》《乡愁》三首诗，都是献给妈妈的。

她在 8 月 5 日写的《惆怅》这首诗里，这样倾诉着对妈妈的思念：

当岸上灯光，
　水上星光，
无声地遥遥相照。
苍茫里，
　倚着高栏，
只听见微击船舷的波浪。
我的心
　是如何的惆怅——无着！

梦里的母亲
　来安慰病中的我，
絮絮地温人的爱语——
几次醒来，
　药杯儿自不在手里。
海风压衾，
　明灯依然，
我的心
　是如何的惆怅——无着！

在《乡愁》那首诗歌里，她写道：

我们都是小孩子。

偶然在海舟上遇见了。

谈笑的资料穷了之后，

索然的对坐，

无言的各起了乡愁。

当然，此时，冰心还不会想到，正是那位邂逅在浩瀚的太平洋上的青年人吴文藻，在未来的日子里，也将成为中国著名的社会学家、知名教授，更重要的是，还将成为她的恋人、爱人和终生的伴侣！

17 慰冰湖畔

漫长的航程终于结束了。

1923 年 9 月 1 日，“约克逊号”邮船缓缓靠近了美国西北部华盛顿州的西雅图港。

从 8 月 17 日登船启航，到 9 月 1 日走下邮船，屈指一算，冰心和她的同伴们在大海上航行了将近半个月的时间。

在西雅图停留、游玩了两天之后，坐火车一路向东，9 月 9 日中午，冰心到达了马萨诸塞州的首府波士顿。9 月 17 日，冰心到威尔斯利女子学院（Wellesley College）正式报到，从此开始了一段负笈他乡的新生活……

冰心留学的威尔斯利学院，是美国的一所著名女子文理学院，有着“全美最富有的学院”的名声。这所学院建于1875年，因校址在马萨诸塞州波士顿城西美丽的小镇威尔斯利而得名。威尔斯利女子学院有一个不成文的规定：男子不得在学校里有任何的领导席位。当然，作为一个严格意义上的女子学院，学校里的一百多个学生组织里，自然也不会有任何男生任职。

传说，威尔斯利学院校史上曾经出现过一次例外：一位男士临时来这里担任代理校长，但是很不幸，就在他第一天前来视察的时候，刚走到学校的钟楼下，就恰巧被一道闪电击中了，当即身亡。

有了这个传说，以后更不会有任何男士敢来此校任职了。学校从每个院系的主任到校长，一直都由女性担任。自建校之后的一百多年时间里，学院一直保持着这个“传统”。这在全世界的大学里恐怕也是少见的。

威尔斯利学院校史上，有不少杰出的校友，如中国著名的“宋氏三姐妹”宋霭龄、宋庆龄、宋美龄，美国前国务卿奥尔布赖特，美国前第一夫人希拉里·克林顿，都毕业于这所著名的学府。

当然，冰心到来以后，这所学校还将因为拥有她这样一位同样杰出的校友而感到自豪和骄傲。

“深幽妩媚，别具风格”，慰冰湖是冰心留美学习期间常去的地方。

冰心很喜欢这座校园的安静、旖旎的风光。她觉得自己的母校就像一个大花园一样。因为威尔斯利镇原本就是一个人口不多、十分安静和整洁的、带有乡村田园风味的小镇。

学校附近有一个明净的小湖“Lake Waban”，湖上总是倒映着蓝天、白云和绿树。冰心一下子爱上了这片湖水！她根据英语发音，给她译了一个美丽的、足以引起人们美好联想的中文名字：“慰冰湖”。同时，这个名字还含有“安慰冰心”的意思。

“我的亲爱的人都不在这里，只有你——你这海的女儿一样的湖水，可以跟我作伴，安慰着我了。”坐在宁静的湖畔，她在心里说道。

每天黎明时分，或在夕阳西下的暮色里，冰心喜欢拿起自己喜欢的一本书，独自来到慰冰湖畔看书、散步、构思诗文。

在学院里安定下来后，她又继续给国内的小读者写通讯了。在这些通讯里，她给小读者们描述了自己在异国他乡有辛苦、也有欢乐的求学生活，也向祖国的亲人和朋友倾诉了自己浓浓的思乡之情。有时候，她也在通讯里讲述一些有趣的见闻故事。

在《寄小读者·通讯七》里，她这样描写自己坐在慰冰湖畔的所见、所感：

1923年10月14日，冰心（左一）与同学们在威尔斯利女子大学合影。

朝阳下转过一碧无际的草坡，穿过深林，已觉得湖上风来，湖波不是昨夜欲睡如醉的样子了。——悄然的坐在湖岸上，伸开纸，拿起笔，抬起头来，四围红叶中，四面水声里，我要开始写信给我久违的小朋友。小朋友猜我的心情是怎样的呢？

水面闪烁着点点的银光，对岸意大利花园里亭亭层列的松树，都证明我已在万里外。

…………

每日黄昏的游泛，舟轻如羽，水柔如不胜桨。岸上四围的树叶，绿的，红的，黄的，白的，一丛一丛的倒影到水中来，覆盖了半湖秋水。夕阳下极其艳冶，极其柔媚。将落的金光，到了树梢，散在湖面。我在湖上光雾中，低低的嘱咐它，带我的爱和慰安，一同和它到远东去。

…………

小朋友，两月之别，你们自己写了多少，母亲怀中的乐趣，可以说来让我听听么？

在《寄小读者·通讯八》里，她翻译了英国“湖畔诗人”华兹华斯的一段诗，借以抒发她对自己祖国的思念：

直至到了海外。

在不相识的人中间旅行：

英格兰！我才知道我付与你的

是何等样的爱。

她在通讯里，就像一位知心姐姐，与不相识的小朋友们、与远在故乡的弟弟们娓娓谈心，话语里充满温暖的励志意味。例如《寄小读者·通讯八》里的这一段：

夜渐长了，正是读书的好时候，愿隔着地球，和你们一同勉励着在晚餐后一定的时刻用功。只恐我在灯下时，你们却在课室里——回家千万常在母亲跟前！这种光阴是贵过黄金的，不要轻轻抛掷过去，要知道海外的姊姊，是如何的羡慕你们！——往常在家里，夜中写字看书，只管漫无限制，横竖到了休息时间，父亲或母亲就会来催促的，搁笔一笑，觉得乐极。如今到了夜深人倦的时候，只能无聊的自己收拾收拾，去做那还乡的梦。弟弟！想着我，更应当尽量消受你们眼前欢愉的生活！

可是，就在冰心渐渐适应了学校生活几个月之后，她的支气管扩张出血的旧病复发了，严重时竟吐出血来。

学校立即把她送进了校内小山丘上的圣卜生疗养院里休息、治疗。经过半个月的治疗和休息，吐血基本控制住了，但医生们非常细心和负责任，他们觉得，冰心还需要在安静的环境里再修养一段时间，身体才能完全康复。于是，冰心在 1923 年底，又从圣卜生疗养院转到了青山的沙穰疗养院。

所以，我们看她这个时期写的《寄小读者》，末尾都有写于圣卜生疗养院或沙穰疗养院的字样。

在青山环抱的安静的疗养院里，冰心和病友、医生、护士们一起，度过了在异国的第一个圣诞节和新年，也迎来了 1924 年的春天。

许多年后，1983 年 2 月 28 日，她在写给自己的老朋友巴金先生的一封信上，写到了她初到美国就生了大病的窘迫状况："我一辈子为了吐血，养了无数次的病，最难过的是 23 岁在美国的七个月，我得的本来是奖学金，哪有养病的钱？又远在异国，又怕国内家人着急，先不敢说，亏得我的美国老师们把奖学金取出来，作为养病费，又有许多朋友帮忙，病后出院休息，都是在朋友家。"

当自己的身体稍有好转了，冰心又开始写她的《寄小读者》通讯了，同时还写了不少诗歌和散文。

《寄小读者·通讯九》原本是住在病院里的冰心在美国的感恩节那天，写给爸爸的一封长信。这封信寄回国内后，冰心的弟弟冰仲读了，觉得也可以发表给小读者看，就征得了爸爸的同意，把它作为“通讯九”刊登了出来。冰仲还在这封信的前面加了一个“小引”：

“这是我姊姊由病院寄给父亲的一封信，描写她病中的生活和感想，真是比日记还详。我想她病了，一定不能常写信给‘儿童世界’的小读者，也一定有许多的小读者，希望得着她的消息。所以我请于父亲，将她这封信发表。父亲允许了，我就略加声明当作小引，想姊姊不至责我多事？”

通过这个细节，我们一方面可以感受到冰心姐弟之间真挚、动人、心心相印的手足之情，另一方面也使我们知道了，冰心写给小读者的通讯，成了全家人悉心关注和维护的一件美丽的事情，每个人都在尽自己所能，帮助冰心完成这美丽的、连续性的“杰作”。

冰心在这封写给爸爸的长信里，依依回忆起了小时候，智慧的爸爸在同样的冬夜里，指点给她看哪是北斗星，哪是“天狗”和“箕星”的情景。她这样动情地倾诉道：

今天是感恩节，窗外的树枝都结上严霜，晨光熹微，湖波也凝而不流，做出初冬天气。——今天草场上断绝人行，个个都回家过节去了。美国的感恩节如同我们的中秋节一般，是家族聚会的日子。

父亲！我不敢说是“每逢佳节倍思亲”，因为感恩节在我心中，并没有什么甚深的观念。然而病中心情，今日是很惆怅的。花影在壁，花香在衣，蒙蒙的朝霭中，我默望窗外，万物无语，我不禁泪下……

在这封信的结尾，为了不使爸爸过于惦念她的病情，冰心安慰爸爸说，当您读到这封信时，“我已生龙活虎般在雪中游戏了”。最后，她对亲爱的爸爸说道：

……记否我少时的一夜，黑暗里跑到山上的旗台上去找父亲，一星灯火里，我们在山上下彼此唤着。我一忆起，心中就充满了爱感。如今是隔着我们挚爱的海洋呼唤着了！亲爱的父亲，再谈吧，也许明天我又写信给你！

18 寄小读者

在赴美留学之前，冰心曾经写过一首题为《致词》的诗：

假如我走了，
　彗星般的走了——
母亲！
　我的太阳！
七十年后我再回来，
　到我轨道的中心
　　五色重轮的你时，
你还认得这一点小小的光明么？

假如我去了，
　落花般的去了——
母亲！
　我的故枝！
明年春日我又回来，
　到我生命的根源
　　参天凌云的你时，
你还认得这一阵微微的芬芳么？

她凝然……含泪的望着我，
　无语——无语。
母亲！
　致词如此，
　累你凄楚——
万全之爱无别离，
万全之爱无生死！

这首诗就像她的《寄小读者·通讯十》一样，也是献给母爱的颂歌。她在圣卜生疗养院和沙穰疗养院养病期间，是给国内的小读者写通讯写得最勤的一个时期。

如果说，《寄小读者·通讯九》是献给父爱的长篇颂歌，那么，《通讯十》《通讯十二》《通讯十三》等，则是献给母亲的真挚动人的心曲和“赞美诗”。

甚至当一些异国的同学向她炫耀，“我的父亲是世界上最好的爹爹，母亲是世界上最好的妈妈”时，她温柔的心里就会立刻有了一种“不平”，她在心里想道：只有自己的父亲，才是世界上最好的爹爹；只有自己的母亲，才是世界上最好的妈妈！

我们在前面的《母爱的乐章》那一节里，引述过她在《通讯十》的一些优美的片段。冰心在这篇通讯里还这样提醒小朋友们：

被上帝祝福的小朋友！你们正在母亲的怀里。——小朋友！我教给你，你看完了这一封信，放下报纸，就快快跑去找你的母亲——若是她出去了，就去坐在门槛上，静静的等她回来——不论在屋里或是院中，把她寻见了，你便上去攀住她，左右亲她的脸，你说：“母亲！若是你有工夫，请你将我小时候的事情，说给我听！”等她坐下了，你便坐在她的膝上，倚在她的胸前，你听得见她心脉和缓的跳动，你仰着脸，会有无数关于你的、你所不知道的美妙的故事，从她口里天乐一般的唱将出来！

远在北京的妈妈，每次收到冰心的信后，都会及时地给女儿回信。冰心在《通讯十二》里摘录了妈妈来信中的一些话，与小读者们分享：

“我读你《寄母亲》的一首诗，我忍不住下泪，此后你多来信，我就安慰多了！（十月十八日）

“我心灵是和你相连的。不论在做什么事情，心中总是想起你来……（十月二十七日）

“我们是相依为命的。不论你在什么地方，做什么事情，你母亲的心魂，总绕在你的身旁，保护你、抚抱你，使你安安稳稳一天一天的过去。（十一月九日）

“我每遇晚饭的时候，一出去看见你屋中电灯未熄，就仿佛你在屋里，未出来吃饭似的，就想叫你，猛忆你不在家，我就很难过！（十一月二十二日）

“你的来信和相片，我差不多一天看了好几次，读了好几回。到夜中睡觉的时候，自然是梦魂飞越在你的身旁。你想，做母亲的人，哪个不思念她的孩子？……（十一月二十六日）”

从妈妈的这些书信的日期上可以看出，她给女儿写信写得也是这么勤，几乎每隔一周、甚至只隔几天，就要写一封。

母女间的这些通信，不仅让我们感受到冰心对妈妈的思念与挚爱，也让我们深深感受到了母爱的细腻、无私与伟大！

“做母亲的人，哪个不思念她的孩子！”认同此理。所以，冰心在《通讯十二》里，用自己的经验告诫小朋友们：

> 我往往有爱世上其他物事胜过母亲的时候。为着兄弟朋友，为着花鸟虫鱼，甚至于为着一本书一件衣服，和母亲违拗争执。当时只弄娇痴，就是母亲，也未曾介意。如今病榻上寸寸回想，使我有无限的惊悔。小朋友！为着我，你们自此留心，只有母亲是真爱你的。她的劝诫，句句有天大的理由。花鸟虫鱼的爱是暂时的，母亲的爱是永远的！

在《通讯十三》里，她又对妈妈倾诉道，自己的生命中，也并非只有花呀、光明呀、爱呀和祝福呀，等等；当然也还有失落呀、寂寞呀、惆怅呀，等等。但是，她觉得，即使她心灵的小船在起落万丈的思潮中震荡时，即使母亲是在万里之外，只要她在纸上写下“母亲”两个字时，她的心就像“有了着落”一般，变得坚定、充实和乐观了。

除了对父爱、母爱的歌颂，冰心在这个时期写的《寄小读者》里，还有许多篇通讯是对美丽的大自然的赞美。她用自己妙笔生花的文字，带领着小读者，尽情地领略了美丽的异国风光，尤其展示了辽阔、博大、壮丽的大自然之美。

冰心不愧是“大海的女儿”“大自然的女儿”,《寄小读者》里有很多描写自然风景的片段，早已脍炙人口，成为《寄小读者》里的一道道耀眼的“风景线”。

例如《通讯十四》里的这一段：

我爱听碎雪和微雨，我爱看明月和星辰，从前一切世俗的烦忧，占积了我的灵府。偶然一举目，偶然一倾耳，便忙忙又收回心来，没有一次任它奔放过。如今呢，我的心，我不知怎样形容它，它如蛾出茧，如鹰翔空……

碎雪和微雨在檐上，明月和星辰在阑旁，不看也得看，不听也得听，何况病中的我，应以它们为第二生命。……

…………

山后是森林窄径，曲曲折折的在日影掩映中引去，不知有多少远近。我只走到一端，有大岩石处为止。登在上面眺望，我看见满山高高下下的松树。每当我要缥缈深思的时候，我就走这一条路。独自低首行来，我听见干叶枯枝，嘁嘁喳喳在树巅相语；草上的薄冰，踏着沙沙有声，这时节，林影沉荫中，我凝然黯然，如有所戚。

山前是一层层的大山地，爽阔空旷，无边无限的满地朝阳。层场的尽处，就是一个大冰湖，环以小山高树，是此间小朋友们溜冰处。我最喜在湖上如飞的走过。每逢我要活泼天机的时候，我就走这一条路。我沐着微暖的阳光，在树根下坐地，举目望着无际的耀眼生花的银海。我想天地何其大，人类何其小。当归途中冰湖在我足下溜走的时候，清风过耳，我欣然超然，如有所得。

《山中杂记——遥寄小朋友》那篇长篇通讯，更像是献给大自然母亲的颂歌，让我们看到了冰心对高山与大海的挚爱，对万物皆有灵的大自然的敬畏与认同。例如下面这一段：

人常常说："海阔天空"，只有在海上的时候，才觉得天空阔远到了尽量处。在山上的时候，走到

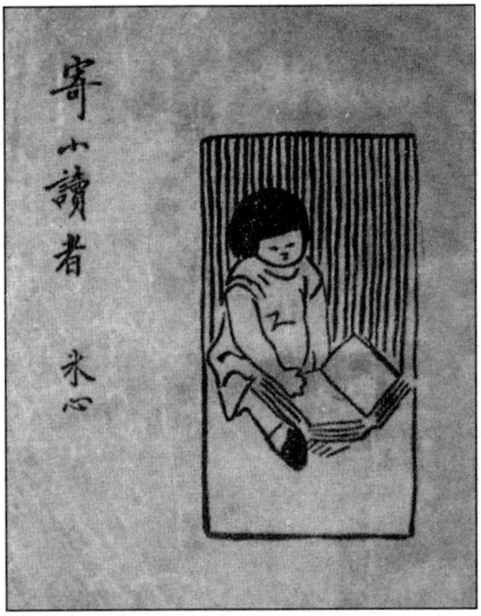

1926年5月，冰心的通讯集《寄小读者》由北新书局出版。

岩壁中间，有时只见一线天光。即或是到了山顶，而因着天末是山，天与地的界线便起伏不平，不如水平线的齐整。

海是蓝色灰色的。山是黄色绿色的。拿颜色来比，山也比海不过，蓝色灰色含着庄严淡远的意味，黄色绿色却未免浅显小方一些。固然我们常以黄色为至尊，皇帝的龙袍是黄色的，但皇帝称为“天子”，天比皇帝还尊贵，而天却是蓝色的。

海是动的，山是静的；海是活泼的，山是呆板的。昼长人静的时候，天气又热，凝神望着青山，一片黑郁郁的连绵不动，如同病牛一般。而海呢，你看她没有一刻静止！从天边微波粼粼的直卷到岸边，触着崖石，更欣然的溅跃了起来，开了灿然万朵的银花！

在美国三年的留学生活，冰心除了完成自己的学业，几乎一有闲暇，就伏案写作。除了一些小说、散文和诗歌，她在美国最重要的创作收获，就是连续写成了29封《寄小读者》通讯。

《寄小读者》从1923年7月29日开始在《晨报》副刊

“儿童世界”栏目发表，一直持续到1926年9月6日最后一篇为止，算得上是《晨报》创办之后，副刊连载作品中时间跨度最长的一部作品了。

如今，这29篇《寄小读者》的通讯，早已成为中国儿童文学史上的经典，滋润着一代代正在成长的小读者的心灵。

《寄小读者》也详细记录了冰心在美国的学习和生活。

冰心到美国后过的第一个圣诞节和新年，就令人难忘。

1923年12月25日，当圣诞节明媚的阳光照耀着沙穰村的时候，正在这里养病的冰心，一大早就收到了这里的护士小姐送给她的一份圣诞礼物。

冰心满怀好奇地一层层打开包装，发现礼物并不是巧克力或玩具之类，而正是她最喜欢的新书！

冰心喜欢阅读，即使在病床上也手不释卷，总是读呀写的。所以，护士小姐已经知道，什么样的圣诞礼物是她的最爱了！

这天晚上，冰心和这里的一所露天学校的小朋友们——也是疗养院的小病友们一起，举办了一个快乐的圣诞晚会。大家互相赠送小礼物，也互相祝福新年。

冰心收到的小礼物是一支带橡皮头的铅笔，还有一首诙谐、幽默的小诗：

亲爱的，你天天在床上写字，写字，
　必有一日违犯了医院的规矩，
　墨水沾污了床单。
给你这一支铅笔，还有橡皮，
　好好用吧，
　可爱的孩子！

本来就非常喜欢孩子的冰心，很快就和这些天真、活泼的小朋友成为了好朋友。她一有空就到他们的露天小学里参观，甚至坐在他们的小教室里，和他们一起听课、做游戏。

1924年夏天，冰心应邀到一个朋友的乡间小屋里小住。这里有一个年仅五岁的小朋友，看到冰心每天孤孤单单的样子，就对自己的妈妈说："看那个中国姐姐，她好可怜呀！没有妈妈和她做伴，自己睡在大树下的小屋里！"

朋友把这个小朋友的话当一个笑话讲述给冰心听，冰心听了，一阵感动，眼睛都湿润了。

正是这些异国的小朋友，也让冰心不时地想念起自己在北京的弟弟们。她在《通讯十三》里记下了这样一件小事——

有一天夜晚，她独自站在沙穰的夜色里，遥望星空的时候，看见远处的山峰那边，有三颗明亮的小星星。

她觉得，其中一颗稍大、稍远一点的星星，就像是他的大弟弟，因为他稍大些，已经独立了；那两颗紧挨着的小星星，就像是她的二弟弟、小弟弟，他们两个还小，总是一起牵着手玩耍，不敢互相远远跑开，总是互相守望、互相帮助着。

那天晚上，冰心遥望着这三颗熠熠闪烁的无声的小星，情不自禁地写道：

小弟弟呵！
我灵魂里三颗光明喜乐的星。
温柔的，
　无可言说的，
　灵魂深处的孩子呵！

除了学习、写作，冰心在美国读书期间，还时常参加波士顿的“中国留学生会”组织的活动。“中国留学生会”的一些留学生也到冰心所在的威尔斯利女校参观过，他们还一起组织了一个名叫“湖社”的学术团体，每个月在慰冰湖上泛舟野餐一次，轮流主讲各自的专业，供大家讨论。

1925年春天，在波士顿的男留学生们要为美国同学演一场中国戏剧。他们先是选了《西厢记》的故事，但是他们没

夕阳如火，独上高峰。1924 年 7 月 28 日，冰心沐浴在美国白岭风景区的余晖中。

有女同学扮演女主角，就来到冰心的母校请女同学参加。可是，冰心她们谁也不愿意演崔莺莺。

怎么办呢？他们只好改为演《琵琶记》的故事。

没想到临演出时，扮演宰相女儿的一位女同学突然生病了。最后只好由冰心临时顶替。好在台词不多，冰心在燕大读书时也曾登过舞台，所以一点也没有怯场。

在《琵琶记》演出前，冰心给吴文藻寄去了一张入场券。

自从在“约克逊号”上认识后，他们一直保持着通信联系，彼此印象十分美好。吴文藻到美国后，进入达特默斯学院的社会学系学习。

1923 年冬天，冰心住在疗养院期间，吴文藻和在波士顿的清华同学还一起来看望过她。

吴文藻收到冰心寄的入场券后，自然非常高兴。但是因为功课太忙，他说到时可能来不了，还向冰心道了歉。

演出后的第二天，在波士顿的几位男同学相约着一起来看冰心，其中就有吴文藻。

这时候，冰心和吴文藻都不知道，命运女神已经为这两个年轻人悄悄地推开了一扇美丽的爱情之门……

19 重返燕园

又一个秋空爽朗的季节，不知不觉地到来了……

金色的秋风，吹进了古都北京的每一条街巷和胡同，也吹到了荷叶渐残的未名湖畔。

1926 年初秋时节，美丽的燕京大学校园，敞开怀抱迎接了阔别母校已经三载的冰心。

三年的留美时光，仿佛一瞬间就过去了。就在毕业前夕，冰心突然收到了燕京大学给她寄来的一笔回国路费，这真让她喜出望外！冰心把这个消息告诉了吴文藻。吴文藻考虑到冰心在回国的旅途中应该有个照应，就拜托了自己的好友、正在美国哥伦比亚大学研究院读书的社会学学者潘光旦。潘光旦这时正好也准备回国，便订了和冰心同期的船票，这样，他一路照顾着冰心，顺利地回到了祖国的怀抱。

“亲爱的母亲！我的脚已踏着了祖国的田野，我心中复杂的蕴结着欢慰与悲凉！”冰心在《寄小读者·通讯二十八》里这样写道，“……三年之别，我并不曾改，人仍是三年前母亲的娇儿……母亲，你是大海，我只是刹那间溅跃的浪花。虽暂时在最低的空间上，幻出种种的闪光，而在最短的时间中，即又飞进母亲的怀里。……祖国的海波，一声声地洗淡了我心中个个的梦中人影。母亲！梦中人只是梦中人，除了你，谁是我永久灵魂之归宿？……望见了江上片片祖国的帆影之后，我已不能再睡觉！我俯在圆窗上看满月西落，紫光欲退，而东方天际的明霞，又已报我以天光的消息！母亲，为了你，万里归来的女儿，都觉得这些国外也常常看见的残月朝晖，这时却都予我以极浓热的慕恋的情意。……”

1926年8月2日，冰心回到阔别三年的北京城，与家人团聚了。这时候，他的父亲谢葆璋先生过了六十大寿；大弟为涵已从唐山路矿学校毕业，到交通部门工作，并准备第二年到美国宾夕法尼亚大学学习公路专业；二弟为杰高中毕业了，正准备报考大学；三弟为楫也长高了不少；母亲杨福慈虽然一直身体不太好，但是，亲爱的女儿回来了，她内心的喜

1926年夏，冰心从美国威尔斯利女子大学研究院毕业，取得硕士学位后回国到母校燕京大学任教。这是教员们聚会时的合影，前排右起第二位是刚当上教师的冰心。

悦早已溢于言表，每天和女儿有着说不尽的悄悄话……

这一年冰心 26 岁。受聘回到母校后，她成了燕大校园里最年轻的一位助教。8 月 31 日，她完成了《寄小读者》的最后一篇通讯，即《通讯二十九》，为这部儿童文学名作暂时画上了一个句号。从此以后，她将开始一段全新的教书生涯……

当然，这时候她的心中还有一桩大事，需要跟父母商量。

一个晚上，冰心轻轻地走进已经就寝的父母的卧室，把吴文藻写给她的一封求婚信，放在床前，然后又悄悄退了出来。

第二天一早，父亲和母亲发现了这封信。两位老人一起仔细阅读了这情真意切的书信，最终认为，女儿选定的人，一定不会有错，老两口就满心欢喜地答应了这门亲事。

在这之前，冰心曾给留在美国的吴文藻写过一首较长的诗《我爱，归来吧，我爱！》，告诉了吴文藻目前国内的真实状况，尤其是军阀横行的现实，正在使祖国母亲和普通百姓蒙受着深重的创伤和苦难，青年学生们反对帝国主义、反对军阀统治的爱国情绪，也越来越激烈。

在这首诗中，冰心向自己的恋人发出了殷切的呼唤：

这回我要你听母亲的声音，

我不用我自己的柔情——

看她颤巍巍的挣扎上泰山之巅！

一阵一阵的

　突起的浓烟

　　遮蔽了她的无主苍白的脸！

她颤抖，

她涕泪涟涟。

她仓皇拄杖，哀唤着海外的儿女；

她只见那茫茫东海上

　无情的天压着水，

　　水卷着天！

…………

“归来罢，儿呵！

先把娘的千怨万屈，

仔细的告诉了你的友朋。

你再招聚你的兄弟们，

尖锐的箭，

　安上了弦！

束上腰带，
　跨上鞍鞯！
用着齐整激昂的飞步，
来奔向这高举的烽烟！

…………

我爱，归来罢，我爱！
我不用我自己的柔情，
我爱，归来罢，我爱！
我要你听母亲的哀音！

这首诗也反映出了当时的中国军阀割据、山河破碎、民不聊生的危难局面。这首诗与冰心过去写的那些“小诗”的风格大相径庭，使我们感受到，现在的冰心已不再是过去的那个冰心了，她的心灵、感情和文学境界，已经升华到了一个新的高度。

等冰心在燕大的工作和生活安定下来后，她的父亲和母亲带领全家人，南下到上海定居了。她的父亲当时在北京代理海军总长。当时北方正处在军阀混战的状态，相比之下，还是在上海比较安定一些。冰心独自留在北京教书。

1929 年，吴文藻博士从美国学成归国。这年夏天，一对相亲相爱的年轻人终成眷属。这时候冰心已经 29 岁了。

说到两个人的恋爱，我们在前面曾经说到，1925 年夏天，冰心曾寄过一张入场券，请吴文藻来看《琵琶记》演出。

也就是在这年夏天，冰心因为报考硕士学位，需要学习第二外语，就来到地处绮色佳[1]的康奈尔大学补习法语。

仿佛是命运女神有意要成全这一对心心相印的年轻人，恰在这时，吴文藻也来到绮色佳补习法语。两个人不期而遇之后，美丽的爱之花也在这个夏天悄然绽开了……

绮色佳有着旖旎的自然风景，他们几乎每天在课后，都会一起投入到大自然的怀抱里，畅谈和游玩。有时候，从图书馆里出来，两个人就坐在石阶上闲谈。夜凉如水，头上不是明月，就是繁星……

当时，两个人已经有了不少书信往来，对彼此都有了较深的了解。于是，有一天在湖上划船的时候，吴文藻大胆地对冰心吐露了自己心中的爱慕之情。

冰心当时有点羞涩，没有表态。经过一夜的思考之后，

---

[1] 绮色佳即康奈尔大学所在的小镇伊萨卡（Ithaca），“绮色佳”是胡适先生为伊萨卡取的名字。——编者注

1929年6月15日下午4点，冰心和吴文藻的婚礼在燕京大学临湖轩举行。这是婚礼时的合影。二排左起：刘纪华、吴文藻、冰心、陈意、江尊群；三排左起：谢为杰、扬子敬夫人（冰心舅母）、司徒雷登、鲍贵思、萨本栋。

第二天她告诉吴文藻说："我自己没有意见，但是最后的决定，还在于我的父母，虽然我知道只要我没有意见，我的父母是不会有意见的！"

冰心这句绕口令似的话，实际上已经告诉了吴文藻：她同意了。

后来，冰心在《丢不掉的珍宝》这篇回忆散文里，也说到过她和吴文藻相恋时的一些细节：

> 我们两个人都喜欢买书，尤其是文藻。在他做学生时代，在美国，常常在一月之末，他的费用便因着恣意买书而枯竭了。他总是欢欢喜喜地以面包和冷水充饥，他觉得精神食粮比物质的食粮还要紧。在我们做朋友的时代，他赠送给我的，不是鲜花糖果或其他的珍品，乃是各种的善本书籍，文学的、哲学的、艺术的不朽的杰作。

像冰心这样美丽的才女，又有着海军高官的家庭出身，年轻的时候，追求她的人自然是很多的。晚年时，她还幸福地回忆过这样有趣的细节：

我很早就决定迟婚。那时有许多男青年写信给我，他们大抵第一封信谈社会活动，第二封信谈哲学，第三封信就谈爱情了。这类信件，一看信封也可以看出的。我一般总是原封不拆，就交给我的父母。他们也往往一笑就搁在桌上。我不喜欢到处交游，因此甚至有人谣传我是个麻子（脸）。有一次到一个地方，很多人围着来看我，原来是想弄清楚冰心是不是麻子（脸）。

这段趣事由著名散文家秦牧写在他的一篇散文《一代女作家的光辉劳绩》里。

吴文藻先生回国后，也在燕京大学里教书。他们结婚以后，两个人志趣相同，都喜欢书，喜欢艺术，所以，小小的新房子里，客厅和书斋，总是满壁琳琅，墙上挂着很多名贵的字画。

后来成为著名诗人、作家和翻译家的徐迟先生，当时是燕京大学的一名借读生，是冰心的学生之一。他在自己的回忆录《江南小镇》里，写到了1931年他在燕大读书时，对自己的老师冰心的印象：

她开了一门课，就叫“诗”，每星期只上一小时的课。她讲授了英国民主主义诗人雪莱和拜伦，也讲授了湖畔诗人华兹华斯、柯勒律治……谢老师当年刚生下她的第一个孩子，在燕大校园中出现时是一个慈母形象，时常手推着一辆婴孩车，在未名湖畔的阳光下娴静来去。每次上课，她夹着一本英国诗选集进教室，就座以后，打开这本书就念出其中的一首诗，然后就讲解和分析这首诗。她是用英文讲课的，也没有课本，所以讲的什么我不能全听懂。但这门课最使我高兴。

这番情景，使当时已经是一名青年诗人的徐迟觉得，“这一切都非常动人，本身就像一首美丽的诗”。

徐迟这时见到的冰心，已经是做了母亲的冰心。她的长子吴平是在1931年春天出生的。

可是徐迟并不知道，这时候的冰心，其实刚刚经历了她一生中最深切的悲伤——世界上最疼爱她的那个人，已经永远地离她而去了。

那个人，就是她毕生敬爱的妈妈……

20 伤逝与远游

1929年12月14日，冰心和吴文藻收到父亲从上海发来的一份电报。虽然老父亲在电报上措辞谨慎，但是，敏感的冰心在接到电报的一瞬间就预感到，一定是妈妈的病情加重了！所以，她当时“全身战栗，如冒严寒”。

因为燕大课程安排的缘故，吴文藻难以离开，只好送冰心独自乘船南下。12月22日晚上，船抵达浦东，冰心心急如焚，几乎是狂奔到了妈妈的身边。

“妈——”冰心俯在妈妈的病床前，轻声叫道。

此时，病入膏肓的妈妈，已是骨瘦如柴，气息微弱到连话也不能说出一句了。看到妈妈这个样子，冰心的心真如刀绞一般地疼痛。

接下来的几天里，她几乎一刻不离地服侍在妈妈身边，或给妈妈喂饭，或是轻轻地给妈妈拍抚着疼痛难忍的身体。

妈妈清醒的时候，不顾自己的疼痛，心里惦念着的仍是女儿的冷暖。妈妈说："你的衣服太单薄了，不如穿上我的黑骆驼绒袍子，省得冻着！"

冰心强忍着眼泪说："妈，我一点也不冷……"

"怎么能不冷呢！辛苦你了……等我的事情过去了，你好好地睡几夜……"

冰心强装欢颜，安慰着妈妈说："只要好好静养，很快就会康复的。"

1930年新年就要到来了，可是在冰心的心中，如果失去了妈妈，世界上再好的新年，对她来说也没有了意义。

冰心在心里默默祈祷着：假如上天真的有灵，请让妈妈好转过来吧！或者让我用自己的身体去代替妈妈承受那病痛的折磨，我也愿意啊！

她给妈妈请来了上海最有名的德国医生。然而，医生在诊断了妈妈的病情后，走出来用英语低声地告诉冰心说："没有希望了，现在只图她能平静地度过最后的几天了。"

最终，冰心和家人无力回天。1月7日晚上9时45分，这位给了女儿30年温厚、无私的疼爱的慈母，永远地闭上了眼睛。

妈妈不在了，冰心和全家人都伤心到了极点。

我从此是没有娘的孩子了！这十几天的辛苦，失眠，落得这么一个结果。我的悲痛，我的伤心，岂是千言万语所说得尽？

…………

完了，过去这一生中这一段慈爱，一段恩情，从此告了结束。从此宇宙中有补不尽的缺憾，心灵上有填不满的空虚。

冰心在妈妈去世后，痛定思痛，写下了一篇她一生中最长的散文《南归——贡献给母亲在天之灵》，文中这样写道：

有谁经过这种的痛苦？你的最爱的人，抱着最苦恼的病，要在最短的时间内从你的腕上臂中消逝；同时你要佯欢诡笑的在旁边伴着，守着，听着，看着，一分一秒的爱惜恐惧着这同在的光阴！这样的生活，能使青年人老，老年人死，在天堂上的人，下了地狱！世间有这样痛苦的人呵，你们都有了我的最深极厚的同情！

此生再也没有什么事情，能比妈妈的离去更让冰心感到痛苦的了！当时，在妈妈入殓的时候，从小就懂得孝顺的冰心，剪下了自己的一缕头发，和妈妈生前一直珍藏着的冰心的胎发一起，还有冰心大学毕业时获得的“金钥匙奖”的“金钥匙”，连同父亲的、弟弟的和其他亲人的头发，都装进了一个白信封里，放进了妈妈的棺木里，象征着自己和全家人将永远地和妈妈在一起。

料理完妈妈的后事以后，冰心又侍奉着老父回到了北京。

在此后的几年里，冰心自己也做了母亲。母亲给予她的那种温柔、无私的母爱，又在她的身上得到了延续。

从 1931 年，冰心做了母亲开始，一直到 1937 年“卢沟桥事变”爆发之前这几年里，冰心在创作上进入了一个令人瞩目的成熟期。

长篇散文《南归——贡献给母亲在天之灵》《寻常百姓》《平绥沿线旅行记》，短篇小说《分》《冬儿姑娘》《我们太太的客厅》等，还有译著黎巴嫩诗人纪伯伦的散文诗名作《先知》……都是她这个时期重要的文学成果。

当时燕京大学有个规定，教员任教满了六年，可以获得一年的休假。1936 年，冰心在燕大任教已满九年，吴文藻也满了七年，而且又得到了洛克菲勒基金会的一笔科研基金。冰心和吴文藻决定结伴出国考察一次。

于是，1936 年 9 月，冰心、吴文藻暂别祖国，开始了第二次“横渡太平洋”的航程。

这次欧美之行，历时一年。他们的足迹先后到达了日本、美国、英国、意大利、法国、德国、苏联等国家。

特别值得一提的是，当时英国著名女作家弗吉尼亚·伍尔夫（1882~1941）得知，有位来自中国的女作家正在伦敦访问,就热情地发出了邀请,请冰心和吴文藻来她家喝下午茶。

弗吉尼亚·伍尔夫是一位非常有个性的女作家。她的住宅据说是一座十五六世纪僧侣们避难的老房子，名字叫“僧侣屋”。房子很旧，内部橡木梁柱上尽是岁月磨损的痕迹，房间格局也太小，甚至没有壁炉、澡盆和卫生间。但她十分喜欢它那老旧的烟囱、摆放圣水的壁龛，尤其是那个花草茂密的花园。

她和丈夫李欧纳用 700 英镑买下了这座“僧侣屋”，然后根据自己的需要进行了较大的改造。使这座老屋从此得以不朽的是，伍尔夫在花园围墙边为自己搭盖了一间造型简单

1936年夏至1937年夏，吴文藻到欧洲游学，冰心随同前往，先后到达日本、美国、英国、意大利、法国、德国、苏联等国家。这是1936年冬冰心夫妇在意大利罗马郊外的合影。

的小木屋，实现了她心中的一个夙愿：“一个女人如果想从事写作，除了有私房钱外，还要有一间自己的屋子。”

她在这间“自己的屋子”里度过了整个后半生，直至1941年告别人世。在这里，她写出了那本传世名作《一间自己的屋子》。书中通过对女性社会地位的历史和现状的分析，回答了诸如“女人应该怎样生活”“女人应该怎样认识生活”等问题。她列举了许多例子，来说明女性生存空间的狭小与艰难。她说，即使莎士比亚有个与他一样才华横溢的妹妹，但在当时的英国，因为女人不能演戏、写诗，也不能独立生活，所以这个妹妹想必也永远达不到莎士比亚那样的成就。女人若想有所建树，就必须先为自己争取一个独立的空间，在经济上和精神上都拥有一定的自主权。除了《一间自己的屋子》，伍尔夫还在这里写出了《雅各的房间：闹鬼的屋子及其他》《到灯塔去》等不朽之作。

因为伍尔夫从童年起就患有“精神躁郁症”，身体一直虚弱，并且十分讨厌性生活，所以她“自己的屋子”里一直放着一张单人床。她每天清晨开始写作，写累了，就随意挪动一下书桌的位置，以便观看窗外花园里的景致。她和她的丈夫感情十分融洽，用她自己的话说，他们夫妻间有一种“珍珠般的感情”。她去世后，丈夫把她的骨灰埋葬在她所依恋的

"僧侣屋"花园里的一株榆树下。这株榆树和另一株榆树的根盘结交错，难分彼此，伍尔夫生前曾和丈夫一起为这两株榆树分别取名为"弗吉尼亚"和"李欧纳"。

冰心和吴文藻在伍尔夫的住宅里度过了一个愉快的下午。他们谈论了许多感兴趣的话题，当然，谈得最多的还是文学和写作。伍尔夫建议冰心写一部自传。冰心没有想到伍尔夫会向她提出这个建议，就回答说，自己还没有这个打算。

伍尔夫告诉冰心说，写自传，可以以自己的故事为线索，把当地的一些社会现象贯穿起来，这样写出来，对外国人了解中国是很有帮助的。她建议冰心赶快写，写出来后她可以为冰心翻译成英文。

十分可惜的是，冰心回国不久，就爆发了震惊中外的"卢沟桥事变"。在祖国危难、民族危急的岁月里，在抗日战争的大洪流中，冰心哪有心思去写自传！让她更没有想到的是，1941 年，第二次世界大战的战火烧到伦敦后，原本就患有"精神躁郁症"的伍尔夫，精神更加焦虑不安，不久就在离她家不远的乌斯河投水自尽了。伍尔夫的故事，后来被人拍成了电影《时时刻刻》。

1937 年 6 月 29 日，冰心和吴文藻结束了在欧洲大陆的远游，途经西伯利亚，进入山海关，回到了古都北平。

仅仅一周之后，日本帝国主义就发动了“卢沟桥事变”，中华民族进入了一段漫长的战争岁月……

21 国破山河在

1937年7月7日，震惊世界的“卢沟桥事变”爆发了。卢沟桥的枪声响彻北方大地，全民族的抗战从此全面开始了。

这年7月28日清晨，16架日本轰炸机，在人们的睡梦中低飞至北平西苑一带，投下了32颗炸弹。随着一声声剧烈的爆炸声，北平沦陷了，并且进入了历史上最屈辱、最黑暗的一个时期。

冰心曾在《默庐试笔》一文里，真实地描述了当时她所看到的野蛮的侵略者的铁蹄踏进北平时那令国人屈辱的一幕：

西直门楼上，深黄色军服的日兵，箕踞在雉堞上，倚着枪，咧着厚厚的嘴唇，露着不整齐的牙齿，下视狂笑。

街道上死一般的静寂，只三三两两褴褛越趄的人，在仰首围读着“香月入城司令”的通告。

晴空下的天安门，饱看过千万青年摇旗呐喊，高呼“打倒日本帝国主义”的，如今只镇定的在看着一队一队零落的中小学生的行列，拖着太阳旗、五色旗，红着眼，低着头，来“庆祝”保定陷落，南京陷落……后面有日本的机关枪队紧紧地监视跟随着。

日本的游历团一船一船、一车一车的从神户横滨运来，挂着旗号的大汽车，在景山路东长安街横冲直撞地飞走。东兴楼、东来顺挂起日文的招牌，欢迎远客。

故宫、北海、颐和园，看不见一个穿长袝和西服的中国人，只听见橐橐的军靴声、木屐声。穿长袝和西服的中国人都羞得藏起了，恨得溜走了。

街市忽然繁荣起来了，尤其是米市大街、王府井大街，店面上安起木门，挂上布帘，无线电机在广播着友邦的音乐。

我想起东京神户，想起大连沈阳……北平也跟着大连、沈阳死去了，一个女神王后般美丽尊严的城市，在蹂躏侮辱之下，恹然地死去了。

“卢沟桥事变”后，为了保存中华民族教育精华免遭毁灭，整个华北地区以及沿海许多大城市的高等学校，纷纷迁往了成都、重庆、昆明、贵阳等内地。抗战八年期间，光是迁入云南的高校就有十几所，其中最著名的就是清华大学、北京大学、南开大学组成的西南联合大学。

万里长征，辞却了五朝宫阙。
暂驻足衡山湘水，又成离别。
绝徼移栽桢干质，九州遍洒黎元血。
尽笳吹弦诵在山城，情弥切。

千秋耻，终当雪。
中兴业，须人杰。
便一成三户，壮怀难折。
多难殷忧新国运，动心忍性希前哲。
待驱除仇寇复神京，还燕碣。

这是十四年抗战期间，由内地西迁到云南的西南联大的校歌《满江红》（罗庸作词，张清常谱曲）。校歌的上阕写出了学校师生辞别古都、千里跋涉的悲愤心情；下阕抒发了师生们在国难当头、民族危亡的时刻，心怀家国，奋发图强，立誓洗雪国耻的雄心壮志。可以说，这是那一代身处战乱年月的爱国知识分子和青年学子的精神风貌的写照。

当时，著名教育家罗家伦有一个非常明智的观点：抗战时期更应该维护好完整和正规的大学教育，建设好我们的民族文化和传承机制。因为，一旦文化亡了，就一切都亡了；一旦教育亡了，国家和民族的未来就没有了。

冰心和吴文藻所在的燕京大学，因为是美国的教会学校，有美国的保护，可以暂时不受日本人的干扰，决定留在北平，不往西南内地迁移。校长司徒雷登也希望教师们都留下来，开学复课。

当时，冰心正怀着他们的第三个孩子，难以长途跋涉，就决定暂时留在北平。

然而，在日寇的铁蹄之下做亡国奴的日子，每一天都充满了屈辱和痛苦。富有民族尊严和正义感的吴文藻、冰心夫妇，怎能在侵略者的铁蹄下忍辱偷生！所以，他们早就开始悄悄地做着离开北平的准备了。

在北平暂居的那段日子里，冰心夫妇俩一面在燕大教课，一面也在默默为抗战做着一些力所能及的事情。他们尽自己最大的能力，甚至冒着生命危险，帮助着身边的人们。

有一天，吴文藻指导的两名成绩优秀的学生朱南华和方绰，来告诉老师说，他们决定放弃学业，到大后方去。

但是，这时候逃离北平是困难的，因为在燕园之外，各处关口都有日军把守着。

冰心想了一下，答应帮他们想想办法。

她亲自去见了司徒雷登，请他考虑是否可以用他的专车，把这两名学生送到西郊去。司徒雷登毕竟也是一位同情中国、有良知的教育家，他慨然答应了。

经过一番努力，冰心终于把吴文藻的这两名学生秘密送出了北平城。这件事情，让冰心从心里感到宽慰。

当时，在北平地下组织里的一些共产党员和爱国青年，与流散在关内的东北义勇军的游击队一直保持着联络，秘密组织着武装队伍，展开抵抗和游击活动，就是他们后来发展成威震古都的“平西游击队”。这支游击队在燕京大学校园里也设了一个秘密联络点，目的是为游击队募集衣物，安排抗日学生转入游击区。

冰心曾在《七·七事变后留平一年的回忆》一文里写到

过："就在这一年的冬天，有个化名为'小猫'的男同学，常在半夜里到教授家门前，来收集我们为西郊游击队捐献的衣物被褥等，我记得，文藻的母亲还从自己床上抽下一条褥子捐了。"

1937年11月9日，冰心在协和医院生下了第三个孩子宗黎（吴青），为这个女婴接生的是著名的林巧稚大夫。

这个女儿出生后，冰心觉得自己身上的一个"包袱"卸下了，现在可以长途跋涉了。何况，在他们心目中，美丽的古都北平早已是"死去了"。

1938年夏天，他们决定离开这个盘踞着侵略者的"躯壳"。

在兵荒马乱的战争年月里，背井离乡、长途跋涉，自然不能多带行李。所以，夫妇俩把家里的一切陈设家具，送人的送人，捐出的捐出了，能变卖的也变卖了。她在《丢不掉的珍宝》里说："只剩下我们认为最宝贵的东西，不舍得让它与我们一同去流亡冒险的，我们就珍重地装起，寄存在燕京大学课堂的楼上。那就是文藻从在清华做起，几十年的日记，和我在美国三年的日记；我们两人整齐冗长六年之久的通信，我的母亲和朋友，以及许多不知名的'小读者'的来信……"此外，还有当时的一些大作家签名送给冰心的作品集，如泰

1938年夏，冰心怀抱小女儿吴青，全家在燕南园寓所前留影。此后，冰心全家离开北平，前往大后方昆明、重庆。

戈尔《新月集》等，伍尔夫的《到灯塔去》等，鲁迅、周作人、老舍、巴金、丁玲、苏雪林、凌叔华、茅盾的赠书等，差不多有一百多本。还有他们全家几代人的珍贵照片、她和吴文藻花费了十几年工夫编写的教材和各种笔记，等等。

“国破山河在”。冰心坚信，有一天他们还会回到这座美丽的古都。他们也相信，只要教育和文化不亡，我们的国家、民族就不会亡！她在《默庐试笔》里这样写道：

> 我恨了这美丽尊严的皮囊、躯壳！我走，我回顾这尊严美丽、瞠目瞪视的皮囊，没有一星留恋。在那高山丛林中，我仰首看到了一面飘扬的旗帜，我站在旗影下，我走，我要走到天之涯、地之角，抖拂身上的怨尘恨土，深深的呼吸一下兴奋新鲜的朝气；我再走，我要掮着这方旗帜，来招集一星星的尊严美丽的灵魂，杀入那美丽尊严的躯壳！

22 再寄小读者

西山苍苍滇海长，绿原上面是家乡。
师生济济聚一堂，切磋弦诵乐未央。
谨信弘毅，校训莫忘。
来日正多艰，任重道又远。
努力，奋发自强！
为己造福，为人民争光！

这是当年冰心在战时的呈贡乡村创办的简易师范学校（今呈贡第一中学前身）教书时，为学校创作的校歌（林亭玉谱曲）。其中的“谨信弘毅”四个字，是这所学校当时的“校训”。

当年，在这所简易师范任教的老师中，有不少都是赫赫有名的大学者，例如社会学家费孝通，作家孙福熙，音乐家林亭玉、刘雪然，体育家张震，还有西南联大的高才生、化学家唐敖庆，等等。

那时候，一批批战时的大学、中学和小学的出现，给处在危急关头的中国带来了新的希望。“少年强则国强”！为了保全中华民族的一代血脉，当时，中国的许多家庭都自愿分散，宁愿忍受亲人离别之痛，也要让正处在求学年龄的孩子们追随学校和老师，接续他们艰辛的迁徙、转移中的读书生涯。

而且，随着日寇的入侵，一些大学和中学纷纷迁入偏僻的内地乡间，几乎每个省的教育厅，都在各地设立了临时的“联合学校”，沿途收纳逃难的少年和青年学子前来就读。即便是在不断迁徙的过程中，学校的教育也不曾中断过。学校各自找到一块偏僻和安全的地方落脚后，哪怕在极其简陋的条件下，也赶紧开课，维持着正常的课业教学。更让后辈人感慨的是，那时候许多大学者、名教授，也都自愿地放低身份，心甘情愿地到一些战时中学、师范学校、小学任课，传播知识，为中华民族保存、传承教育和文化的种子。

有教育在，有文化在，中华民族就不会亡！这是当时大家的一个共识。

呈贡县城是西南边陲的一个小山城，城内东北部是三台山的山坡，山腰上有一个独立的小庭院，一条窄窄的山道，可以从山下通到这里。据说，这个小庭院，原是斗南村的一户大姓人家守墓的地方，所以题名华氏“墓庐”。

经过了“八千里路云和月”的颠沛流离，冰心一家从北方辗转迁居到了云南，就住在这个山村小院落里，开始了一段背井离乡的战时生活。

我们在前面说到过，她写的一篇散文《默庐试笔》，“默庐”就是“墓庐”的谐音。“墓庐”，从字面上看去不太吉利，改为“默庐”，顿时变得意味深长了。

冰心很喜欢这个僻静、清新的小山村。远山、近塔、瓦檐、灰墙，还有小山村的清晨、黄昏、月落、日出……都让冰心暂时忘记了战争带来的家国之痛。“我最爱早起在林中携书独坐，淡云来往，秋阳暖背，爽风拂面，这里清极静极，绝无人迹，只两个小女儿，穿着橘黄水红的绒衣，在广场上游戏奔走，使眼前宇宙，显得十分流动、鲜明。”她在《默庐试笔》里写道。

有一天黄昏时分，冰心和吴文藻一起出去散步时，走到一株正在盛开的丁香树下，吴文藻随口问了一句这是什么树，冰心故意告诉他说，这是香丁。一向只潜心研究社会学问题的大学者吴文藻，满意地点点头说：“哦，这是香丁。”冰心在一旁掩嘴而笑。

又有一天，冰心让吴文藻上街去给孩子买一些点心。当时常见的点心是“萨其马”，小孩子不会说“萨其马”，只会说“马”。同时，冰心要送老父亲一件双丝葛的夹袍面子，也让吴文藻顺便去买回来。可是，吴教授到了“稻香村”点心店和“东升祥”布店，这两件东西都说不出名字来，只说买“马”和“羽毛纱”。幸亏店铺里的小伙计和他们家认识，仔细一问，才弄明白了他要买的是什么。

回到家里，大家听了都开怀大笑，笑吴文藻教授是一位老实的“傻姑爷”。这些趣事在冰心和吴文藻的那些教授、学者和作家朋友中被传为一时的笑谈。

如今，在呈贡县一中校园内，“冰心默庐”成了这所从抗战岁月里走过来的老校的一处珍贵的文化和教育遗迹。冰心当年创作的那首充满奋发向上的乐观情绪和爱国主义精神的校歌，仍然被老师和孩子们传唱着。

1940年冬天，冰心一家离开战时的呈贡小山村，迁往另一处大后方重庆暂住。

“烽火连三月，家书抵万金。”就在他们一家准备离开呈贡的时候，冰心接到了大弟为涵的来信。可是，这封家书带来的不是报告平安的消息，而是一个让冰心痛彻心扉的噩耗：她一生敬爱的、94 岁的老父亲谢葆璋先生，于 1940 年 8 月 4 日在北平逝世了！

父亲的去世，是冰心在失去慈母之后，在家国蒙难的岁月里所经受的又一次人生最大的丧亲之痛！

冰心一家到了山城重庆后，居住在歌乐山林家庙 5 号、位于半山腰的一栋小土房子里。她在《力构小窗随笔》一文里描写过这处居所：“……一座土房，大小只有六间屋子，外面看去四四方方的，毫无风趣可言。倒是屋子的四周那几十棵松树……把房子完全遮起，无冬无夏，都是浓阴逼人。……房子东面松树下便是山坡，有小小的一块空地，站在那里看下去，便如同在飞机里下视一般，嘉陵江蜿蜒如带，沙磁区各学校建筑，都排排在眼前。隔江是重庆，重庆山岗上是南岸的山，真是‘蜀江水碧蜀山青’（李白诗），重庆又常阴雨，淡雾之中，碧的更碧，青的更青，比起北方山水，又另是一番景色。”

当时，重庆虽然是“大后方”，但是，日本的飞机也常常飞来轰炸。每次空袭，大家都惊恐地纷纷奔向防空洞。有时刚从防空洞里出来回到家里，空袭的警报声又响了起来，大家只能又仓皇返回防空洞……人们时常在这一夕数惊的状态里生活着。

也就在这样的日子里，冰心最小的女儿吴青得了肺炎，每天都发着高烧。这样的时候，怎能让小孩子进入阴暗潮湿的防空洞里呢？没有办法，冰心只好冒着生命危险，独自留在家里守护着女儿。

1940 年除夕那天，她写了一首题目为《鸽子》的带有纪事性质的儿童诗，我们从中可以感受到，当时的冰心极力守护和安慰着处在惊恐中的孩子们的慈母情怀：

……

轰轰轰，

几声巨响，

纸窗在叫，

土墙在动，

屋顶在摇摇的晃。

一翻身我跑进屋里，

两个仓皇的小脸，

从枕上抬起：

“娘，你听什么响？”

“别嚷，莫惊慌，
你们耳朵病聋了，
这是猎枪。”
“娘，你头上怎有这些土？
你脸色比吃药还苦。”
我还来不及应声，
一阵沉重的机声，
又压进了我的耳鼓。
“娘，这又是什么？”
“你莫做声，
这是一阵带响的鸽子，
让我来听听。”
檐影下抬头，
整齐的一阵铁鸟，
正经过我的小楼。
傲慢的走，欢乐的追，
一霎时就消失在
天末银灰色的云堆。

咬紧了牙齿我回到屋中，

相迎的小脸笑得飞红，
“娘，你看见了那群鸽子？
有几个带着响弓？”
巨大的眼泪忽然滚到我的脸上，
乖乖，我的孩子，
我看见了五十四只鸽子，
可惜我没有枪！

在日本飞机狂轰滥炸的日子里，冰心家邻近的家庭有好几个患肺炎的小孩子，都先后夭折了。幸好，有了冰心的悉心照料，小吴青躲过了疾病和轰炸的灾难，顽强地活了下来。

国难当头，老父去世，女儿生病……种种家国忧愁和痛苦，使得这个时候的冰心身心俱疲，自己也经常处在病患之中。

但是，战争的年月、颠沛的生活，已经把她变成了一个坚强、隐忍和乐观的人。她有时甚至想：“可惜我没有枪！”

她在心中憧憬着“我要掮着这方旗帜，来招集一星星的尊严美丽的灵魂，杀入那美丽尊严的躯壳”的那一天！她不能让自己垮下来！她要让自己咬紧牙关生活下去！

这个时期，她以“男士”的笔名，发表了不少小说和散文。尤其使她感到欣慰的是，1942 年冬天，她用自己温暖和细腻的文笔，继续写起了已经中断20年的“寄小读者”的通讯。

从1942年12月12日开始，到1944年12月1日，她在敌机不断的轰炸声中，断断续续写了四篇给小朋友的通讯，她把这组新的通讯题名为《再寄小读者》。

在《再寄小读者·通讯一》里，她告诉小朋友们说：“这些年里，我收到你们许多信件，细小端楷的字迹，天真诚挚的言词，每次开函，都使我有无限的感谢和欢喜。为了这些信件，这几年来，我在病榻上、索居中、旅途里，永远不曾感到寂寞，因为我知道有这许多颗天真纯洁的心，南北东西的在包围追随着我！”

在1942年圣诞节来临前夕，她写了《再寄小读者·通讯二》，和小朋友们讨论了“友谊”这个话题。她仍然像一位知心大姐姐、像一位循循善诱的老师一样，告诉小朋友说：只要有着共同的理想和志趣，感情融洽、意气相投，不分国籍，不限年龄，也不拘性别，都可以成为“朋友”。而且，“世界上有多少崇高理想的实现，艰巨事业的创立，伟大艺术的产生，都是一班志同道合的朋友，共同努力、相互切磋的结果”。

那么，怎样才能成为真正的朋友呢？美丽和高尚的“友谊”的含义，究竟是什么呢？她用散文诗般的语句告诉小朋友们说：

交友是一种艺术。

热情、活泼，而富于同情心的人，常常能吸引许多朋友,而磁石只吸引着钢铁,月亮只吸引着海潮。

你能择友，则你的朋友将加倍地宝贵你的友情。

不要只想你能从朋友那里得到什么，也要想你的朋友能从你这里得到什么。

肯耕种的才有收获，能贡献的才配接受。

友谊是宁神药，是兴奋剂。

使你堕落、消沉的，不是你的好朋友。同时也要警惕，你是否在使你的朋友奋兴、向上?

友谊是大海中的灯塔，沙漠里的绿洲。

当你的心帆飘流于“理”“欲”的三叉江口，波涛汹涌，礁石嶙峋，你要寻望你朋友的一点隐射的灵光，来照临，来指引。当你颠顿在人生枯燥炎热的旅途上，你的辛劳，你的担负，得不到一些酬报和支持的时候，你要奔憩在你朋友的亭亭绿荫之下，就饮于荡涤烦秽的甘泉。

古人有句话说：“最难风雨故人来”——不但气候上有风雨，心灵上也有风雨!

…………

友谊中虽然也有痛苦，古人的诗文中，不少伤逝惜别之句，然而友谊是不死的，友谊是不因离别而断隔的。“海内存知己，天涯若比邻”；“得一知己，可以无恨”，这痛苦里是没有“寂寞”的，因为我们已经享有了那些朋友的友情！“寂寞”——心灵上的孤独，才是世界上最可怕的东西！

小朋友，在人生路上，我们虽然是孤身启程，而沿途却逐渐加入了许多同行的好伴，形成了一个整齐的队伍，并肩携手，载欣载奔，使我们克服了世路的险峻崎岖，忘却了长行的疲乏劳顿，我们要如何感谢人世间有这一种关系，这一段因缘？

愿你们永远是我的好朋友，假如我配，就请你们也让我做你们的好朋友。

在《通讯三》里，她温暖的情思就像涓涓的小溪流，再次流向了母爱的原野。写这篇通讯的当天，正是中国传统农历节日腊八节。她说，母亲在世时，这一天“是我的母亲忆念她的母亲的日子”，如今却轮到她来忆念自己的母亲了。

不知不觉，母亲离开她已经 13 年了。现在，老父亲也已经不在了。她心中的伤感是可想而知的。她回忆说：

在我一生中，母亲是最用精神来慰励我的一个人，十几年“教师”、“主妇”、“母亲”的生活中，我也就常用我的精神去慰励别人。而在我自己疲倦、烦躁、颓丧的时候，心灵上就会感到无边的迷惘与空虚！我想：假如母亲尚在，纵使我不发一言，只要我能倚在她的身旁，伏在她的肩上，闭目宁神在她轻轻的摩抚中，我就能得到莫大的慰安与温暖，我就能再有勇气、再有精神去应付一切。但是，十三年来这种空虚，竟无法填满了，悲哀，失母的悲哀呵！

当她写到这里的时候，泪水已经模糊了她的双眼，她再也写不下去了。她只觉得自己心头划过一阵阵的战栗。

“站起来推窗外望，一片迷茫，原来雾更大了！雾点凝聚在松枝上。千百棵松树，千万条的松针尖上，挑着千万颗晶莹的泪珠……”她在这篇通讯的结尾写道，“……有母亲的小朋友，愿你永远生活在母亲的恩慈中。没有母亲的小朋友，愿你母亲的美华永远生活在你的人格里！”

在《谈生命》里，她用一曲顽强不屈的“生命之歌”，安慰和鼓励正处在战争年月的小朋友们——其实也是在安慰和鼓励自己以及自己的几个正在成长中的孩子：

生命像向东流的一江春水，它从最高处发源，冰雪是它的前身。它聚集起许多细流，合成一股有力的洪涛，向下奔注。它曲折地穿过了悬岩削壁，冲倒了层沙积土，挟卷着滚滚的沙石，快乐勇敢地流走，一路上它享乐着它所遭遇的一切——

有时候它遇到巉岩前阻，它愤激地奔腾了起来，怒吼着，回旋着，前波后浪的起伏催逼，直到它涌过了，冲倒了这危崖，它才心平气和的一泻千里。

有时候它经过了细细的平沙，斜阳芳草里，看见了夹岸红艳的桃花，它快乐而又羞怯，静静地流着，低低地吟唱着，轻轻地度过这一段浪漫的行程。

有时候它遇到暴风雨，这激电，这迅雷，使它心魂惊骇，疾风吹卷起它，大雨击打着它，它暂时浑浊了，扰乱了，而雨过天晴，只加给它许多新生的力量。

有时候它遇到了晚霞和新月，向它照耀，向它投影，清冷中带些幽幽的温暖：这时它只想憩息，只想睡眠，而那股前进的力量，仍催逼着它向前走……

终于有一天，它远远地望见了大海，呵！它已到了行程的终结，这大海，使它屏息，使它低头。她多么辽阔，多么伟大！多么光明，又多么黑暗！大海庄严的伸出臂儿来接引它。它一声不响的流入她的怀里。它消融了，归化了，说不上快乐，也没有悲哀！

也许有一天，它再从海上蓬蓬的雨点中升起，飞向西来，再形成一道江流，再冲倒两旁的石壁，再来寻夹岸的桃花。

…………

生命又像一棵小树，它从地底里聚集起许多生力，在冰雪下欠伸，在早春润湿的泥土中，勇敢快乐地破壳出来。它也许长在平原上、岩石中、城墙里，只要它抬头看见了天，呵，看见了天！它便伸出嫩叶来吸收空气，承受日光，在雨中吟唱，在风中跳舞。它也许受着大树的荫遮，也许受着大树的覆压，而它青春生长的力量，终使它穿枝拂叶的挣脱了出来，在烈日下挺立抬头！……

…………

要记住：不是每一道江流都能入海，不流动的便成了死湖；不是每一粒种子都能成树，不生长的便成了空壳！

生命中不是永远快乐，也不是永远痛苦，快乐和痛苦是相生相成的。等于水道要经过不同的两岸，树木要经过常变的四时。

在快乐中我们要感谢生命，在痛苦中我们也要感谢生命。快乐固然兴奋，苦痛又何尝不美丽？我曾读到一个警句，它是“愿你生命中有够多的云翳，来造成一个美丽的黄昏。”

她寄希望于亲爱的小朋友们，都能够“有一个成功后快乐的回忆”，就像诗人所说的“美丽的黄昏”。

冰心这个时期写的《再寄小读者》，比她20年前写的《寄小读者》多了一些深刻的哲理感悟，也多了一些温暖的励志意味。

可惜的是，这个时期的《再寄小读者》只写了四篇。

等她继续写更多的《再寄小读者》的时候，已经是在伟大的新中国诞生后的日子里了。

23 小橘灯的故事

1945年8月11日，日本投降的消息传到了重庆，山城上下一片欢腾。中国人民经过了艰苦卓绝的十四年抗战，终于把日本侵略者赶出了祖国的土地。全世界反法西斯战争也以纳粹希特勒和日本军国主义的垮台而宣告结束了。

1946年7月，冰心一家结束了颠沛流离的生活，重新回到了古都北平，回到了她的第二故乡。

这时候，她的老父亲已经去世六年了。

她离开北平时，曾经寄存在燕京大学一座教学楼阁楼上的15只大木箱，里面装着她和吴文藻两人留学美国时写下的珍贵的日记、来往书信，还有她的家族几代人的相片，她的母亲、朋友和许多小朋友写给她的书信，当然也包括那些名人字画、作家签名本、善本书和其他珍贵文物，都荡然无存了！

一位老工友告诉她说，就在1941年“珍珠港事变”的第二天清早，疯狂的日本兵包围了燕京大学，学生、教师和一些校工都被赶出了校园。等他们再回来的时候，已经人去楼空，楼房也被破坏得不成样子了……

残酷的战争，把冰心人生中最宝贵、最温暖的一些东西，给彻底地夺走了、践踏了。

她在《乱离中的音讯（通信）——论抗战、生活及其他》一文中曾经这样写到自己在战乱中的心境：“前途很难预测，聚散也没有一定，所知道的只是一个信念，就是‘中国不亡’。其余的一切也就是身外事了……”

是的，当国家蒙难、整个中华民族陷入危亡的时候，她还能祈望个人的珍藏有什么更好的命运吗？

从这件事上，冰心更加体会到了战争给国家、民族和文化带来的创伤有多么深重，而和平、安定的生活，又是多么地来之不易！

1946年冬天，冰心和吴文藻作为战后赴日进行社会考察的中国代表团职员，有较长的时间住在日本。她亲眼看到，第二次世界大战也给日本人民带来了无法治愈的创伤。

她在1946年11月22日写的散文《从重庆到箱根》里，再次谴责了日本侵略者发动的这场“可怕的、令人诅咒的战争”！在《给日本的女性》一文里，她希望，全世界的母亲们都应该告诉自己的孩子，让孩子们牢记：战争是罪恶的、不道德的，暴力和侵略，是非正义的，也是注定要失败的。世界终究是需要和平的，人类的理想是向往自由的，“民族与民族，国家与国家之间，只有爱，只有互助，才能到达永久的安乐与和平”。

1949年至1951年，冰心被东京大学聘为第一位外籍女教师，在东京大学讲授“中国新文学”。在这期间，新中国诞生的喜讯传到了东京。那天，冰心、吴文藻和他们的三个孩子，都满怀激动地坐在收音机旁，一字不漏地倾听着中华人民共和国宣告成立的消息。

在那一刻，冰心和吴文藻的眼里都含着热泪。冰心在文章里写道，她感到了毕生未曾有过的欢乐……

当时，美国耶鲁大学也以优厚的待遇，邀请冰心夫妇去那里担任教授职务。夫妇俩认为，这是一个难得的契机，于是他们悄悄地做好了动身的准备。

然而，他们不是要动身去往大洋彼岸的美国，而是转道香港，然后秘密登上了返回祖国的轮船。

1948 年，冰心在日本东京寓所写作。

一踏上祖国的土地，他们就获悉，他们一家人能够悄悄地避开许多耳目，顺利回到祖国的怀抱之中，这一切都是在周恩来总理的指示和安排下进行的。冰心和吴文藻听说了这些，两个人的眼里都噙着喜悦、感激的泪水。

冰心在《归来以后》一文里写了她回到新中国的首都北京时的感受：

> 我回到祖国，回到我最熟识热爱的首都，我眼花缭乱了！几年不见，她已不再是“颜色憔悴、形容枯槁”，而是精神抖擞，容光焕发了。这些年来在我梦中涌现过多少次的胜地，尤其是“五四”纪念地的天安门，那黯旧的门楼，荒凉的广场，曾是万千天真纯洁的爱国青年，横遭反动统治阶级血腥迫害的处所，如今是金碧交辉，明光四射，成了中国和世界人民团结一致争取和平的象征，成了春秋节庆佳日，伟大的人民领袖检阅壮大的人民队伍的地方了。此外如雕栏玉砌的故宫，庄严矗立的天坛，玲珑高举的白塔……这些数百年来，万千劳动人民血汗的智慧的创造，终于回到了劳动人民的手里，在人民自己的政府的关怀和爱护之下，也都轮奂一

1951 年秋天，冰心和家人满怀对祖国的挚爱之情，冲破重重险阻，在周恩来总理的关怀下，回到日夜思念的祖国，定居北京。这是 1956 年，冰心在进行创作。

新了！这些格外和谐的色彩，格外鲜明的情调，在北京秋日特有的晴天爽气之中，也格外显得光辉而静穆。成群的乳白的鸽子，在这水波涟漪、楼阁玲珑的上空，回绕飞翔，曳着嘹亮悠扬的哨声，不住地传播着和平的消息！

在新中国灿烂的朝霞里，冰心开始了新的生活和新的创作。而且这时候她“选定了自己的工作”，就是愿为创作儿童文学而努力。她说：“我素来喜欢小孩子，喜欢描写快乐光明的事物，喜欢使用明朗清新的字句。在从前那种‘四海皆秋气，一室春难暖’的环境中，我的创作的欲望，一天一天地萎缩淡薄下去，渐渐地至于消灭。如今在这万象更新的新中国的环境中，举目四望，有的是健康活泼的儿童，有的是快乐光明的新事物，有的是光辉灿烂的远景，我的材料和文思，应当是取之不尽，用之不竭的。”

果然，在新中国成立之后的那些年里，冰心陆续为孩子们创作了《好妈妈》《陶奇的暑期日记》《小橘灯》《我们把春天吵醒了》《只拣儿童多处行》《咱们的五个孩子》等小说和散文名作，以及诗歌《我的秘密》《雨后》等脍炙人口的作品。

其中最有影响的一篇作品，就是散文《小橘灯》。

于 1956 年 5 月由少年儿童出版社出版的《陶奇的暑期日记》以及 1957 年 6 月由北京出版社出版的《小橘灯》。

《小橘灯》是冰心 1957 年 1 月 19 日为《中国少年报》写的一篇优美的散文。因为有完整的故事情节、也有性格鲜明的人物形象，所以，也有人说《小橘灯》更像是一篇构思精美的儿童小说。

作家给我们讲述了发生在 1945 年春节前夕的一个真实而动人的小故事：一个小姑娘，她的爸爸因为是一位地下党员而“出远门”去了，妈妈正患重病，小姑娘在临近春节时，还要为妈妈求医看病。这个身体弱小的小姑娘，在困难和黑暗的岁月里，镇定地、勇敢地挑起了照顾妈妈、面对困境的重担。在浓雾迷茫中，在大黄果树下的破陋的小黑屋里，她用大红橘子壳给“我”制作了一盏美丽的、光明的小橘灯。这盏在黑夜的山城里闪着朦胧的橘红色光芒的小橘灯，不仅使“我”、也使每一位读者都深深地感到，我们的“眼前有无限光明”。这盏小橘灯的明亮灯光，象征着一种积极、乐观和对生活、对未来的信念！

若干年后，冰心在谈到这篇作品的写作经过时说，故事的背景就是重庆郊外的歌乐山。歌乐山下有一所医学院，她认识这所学院里的几位老师和学生。这个小姑娘的父亲是位地下党员，因为党组织受到破坏而离开了家，她的母亲受到追踪的特务的殴打而吐了血。但是在这个事件中，小姑娘一直是非常镇定、勇敢和乐观的。

作品里写到了她对“我”说过的一句话：“不久，我爸爸一定会回来的，那时我妈妈就会好了。”然后，她又用手臂挥舞出一个大圆圈，最后握住“我”的手说，到那时，“我们大家也都好了！”

冰心说，她写这篇作品，就是想用最简朴的、便于儿童接受的文字，来描述在当时黑暗阴沉的日子里，那一团小小的“朦胧的橘红的光”，怎样冲破了阴沉和黑暗，使人们感到“眼前有无限光明”。

小橘灯的美丽的光芒，从那时起，一直闪耀在几代读者的心中。

冰心在给小朋友讲小橘灯是怎样制作的。

24 三寄小读者

我们在前面说到过，抗战胜利以前，冰心住在重庆的时候，曾经写过四篇《再寄小读者》。可惜，因为当时正处在战乱年月，《再寄小读者》没能像当初的《寄小读者》那样，写成一本书。

现在，进入新中国、新时代了，冰心重新拿起给小朋友们写通讯的笔，又写了一批新的通讯，仍然命名为《再寄小读者》。

在 1958 年春天写的《再寄小读者·通讯一》里，她这样回顾和感慨道：“小朋友，从我第一次开始给你们写通讯算起，不止十年，乃是三十多年了。这三十多年之中，我们亲爱的祖国，经过了多大的变迁！这变迁是翻天覆地的，从地狱翻上了天堂，而且一步一步地更要光明灿烂。我们都是幸福的！我总算赶上了这个时代，而最幸福的还是你们，有多少美好的日子在等着你们来过，更有多少伟大的事业等着你们去做啊！”

其实，在写这篇通讯之前的1956年国庆节前夕，冰心就写过《给国外华侨小朋友的一封信》，也是一篇美丽的通讯：

亲爱的小朋友们：

每年这个时候，当祖国的首都大道两旁的长长的杨柳叶子，在晴秋的微风中摇曳；三三两两的穿着新衣服、带着红领巾的小朋友并肩携手、说说笑笑、蹦蹦跳跳地背着书包，走出家门，又开始学校生活的时候，我就会格外地、极其亲切地想到你们。

亲爱的小朋友！你们好吗？身体健康吗？暑期生活过得怎么样？你们的父母和教师们都好吗？

你们这些人中，有不少是我见过的。在日本，在印度，在缅甸……在欢迎和欢送我们的人群中，在你们自己的学校里，我常常首先看到你们，圆圆的充满着快乐微笑的小脸，闪射着兴奋的光辉的大眼睛，你们向着从祖国来的亲人们，围拥了过来，羞涩而热烈地把鲜花送到我们的手里；你们为我们唱着祖国流行的歌曲，表演着祖国和本地的舞蹈。当我们对你们叙说祖国的建设情况，和国内小朋友的日常生活的时候，你们是那么安静，又那么兴奋，眼睛睁得大大的，不时地互相点头耳语，又发出快乐的笑声。当你们听到高兴的时节，清脆的掌声，又会像爆竹似的爆发了出来！你们这些热爱祖国的孩子，你们是多么以可爱的崭新的祖国而自豪！

小朋友们，我们是应该自豪的，你们的父母之邦，我们的祖国，真是可爱得不能以言语形容！在这个一万平方公里的土地上，纵横罗布着雄伟美丽的山川，居住着六万万聪明勇敢的人民。七年以来，我们在旧社会的废墟上进行着全国人民的大建设；从停滞和落后转到飞跃的前进。在这伟大的时代里，什么地方都在改变，什么东西都在新生。不必说全国各个角落，就是北京城郊，就像是一处一望无际的大工地，到处是矗立的塔架，到处堆积着一节一节的大水管，还有砖瓦木石……到处流荡着挑土掘地的工人兄弟们的笑声，和压地机的突突隆隆的响声。几天不见，街道、桥梁、建筑都完全变了样。

…………

小朋友，这花园是我们大家的，我们欢迎你们回来，欢迎你们回来看看，就像你们的父母师长中间，有人曾回来参观一样。

从废墟到花园这一段清理建设，是经过一段极其艰苦的斗争过程的。有千千万万的爱国先烈，为这座花园流过许许多多血汗，我们一定要同心协力地来保卫它。

…………

小朋友，在反对战争保卫和平的工作中，我们是要尽自己一份责任的，我们要和世界上爱好和平的小朋友们，紧紧地携起手来，为建立一个团结友爱，和平幸福的大花园，贡献出自己一切的力量。

这信到达你们手边的时候，已经是祖国的国庆日了。在天安门前的礼炮声中，我将遥祝亲爱的小朋友们的健康和幸福。在万人如海、旗帜如林的热烈盛况中，我将忆念着你们，我的心将和小孩子们放起的彩色的气球和雪白的鸽子一样，飞到遥远的天边，和你们怀念祖国的心，合在一起！

再祝你们身体好，学习好，工作好！

你们的热情的朋友 冰心

一九五六年国庆节前夕于北京

这篇通讯也奠定了她接下来要写的《再寄小读者》的整体内容和基调，那就是：向小朋友们介绍新中国各个地方、包括边疆地区的翻天覆地的变化；描写她作为新中国的一位知识分子游历域外时的所见所闻；激励小朋友们热爱祖国，珍惜今天的和平幸福的好日子，为将来建设一个更加美丽、更加富强的国家而努力学习文化知识和各种本领。

“我心中充满了喜悦。窗外晚霞在天，新月已出，大院里小孩子欢笑奔走的声音，在凉爽的晚风中荡漾……小朋友，我们多么幸福……多少伟大辉煌的事迹，都让我们看到了！当然，你们比我更幸福了，因为你们将来能够看到的一切……是我所不能想象得到的呵！……”

新的《再寄小读者》一共写了14篇，字里行间抒发了对新中国的赞美和身在新时代的欢欣与自豪。

冰心和吴文藻当年在燕京大学时的一位就读于社会学系的学生葛翠琳，在后来写的一篇回忆散文《星光闪烁——记我的老师冰心》里，写到了 20 世纪 50 年代，她在冰心身边的所见所感：

50 年代，中国作家协会儿童文学组经常晚上组织活动，冰心总是热情参加。散了会，我就和她同路走着回家。有一次我说："我不是中文系的学生，没有系统地读过文学课，学习创作，是从头儿学起……"冰心亲切地说："我要写新的生活，也是从头儿学起。"我心里热乎乎的，就像一个初学音乐的孩子，突然找到了音准一样，心中充满了欢乐和信心。这位早已成名的老作家，用她熟悉音律的手指，拨动了我心中的琴弦……她常对我谈自己回国后的感受，她对新中国、对新社会那种真挚强烈的感情，深深打动了我的心。一些我在生活里见惯了的事物，她却有那么新鲜的感觉，使我不能不为之惊叹。后来我读了她的《三寄小读者》，再次为她那热爱生活的激情所感动。她能从平凡的人、平凡的生活中，发现美好的心灵，美好的事物，特别是从大自然的美中，寻找到富有哲理性的思想火花儿。因为，她是用美好的心灵去感受的。

在离《寄小读者》55年、《再寄小读者》20年后，当时光的脚步迈入了20世纪70年代末期,已经年近80岁的冰心，又为孩子们写出了10篇《三寄小读者》。

第一次写《寄小读者》那年，她才23岁。也就是说，她为小朋友们写通讯，一写就写了60年！

1927年她在《寄小读者》四版自序里说过：如果说文学创作是因为不可遏抑的灵感而产生的，那么，只有这些寄小读者的通讯，是写得最自由、最率真和最快乐的。

“小朋友，记取，春天来了！”她这样对小朋友们说。

现在，进入了新的时期，这位童心不泯的世纪老人，又通过《三寄小读者》，表达了自己对新一代少年儿童的关爱与期望。

“我将永远和你们在一起，努力好好学习，天天向上！”她对小朋友们这样说道。

《三寄小读者》给新一代少年儿童带来了全新的欢乐、情趣、知识和信念。这些通讯承续着《寄小读者》亲切、清丽和细腻的风格，在思想感情上注入了更多的热诚和理想色彩，充分体现了她一贯的爱心和对未来、对正在成长的一代人的责任感。

这些通讯娓娓而谈，亲切平和，往往以小见大，通过一

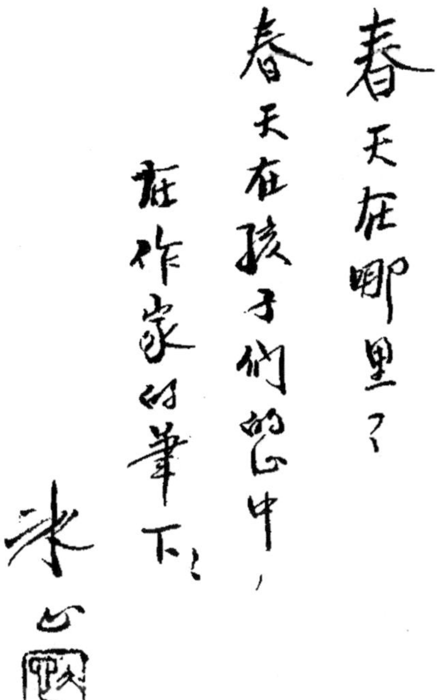

冰心手书：“春天在哪里？春天在孩子们的心中，在作家的笔下！”

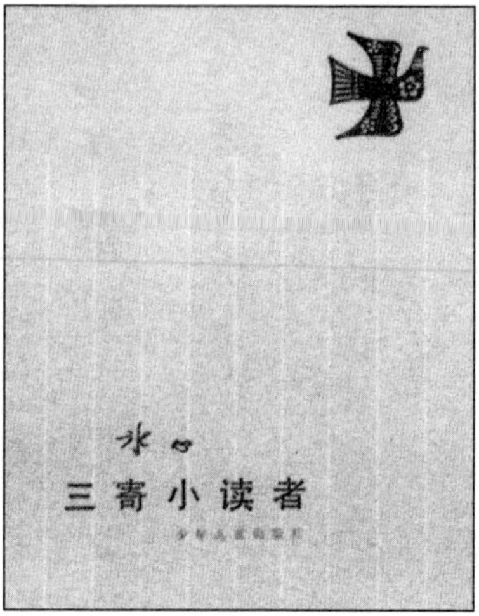

《三寄小读者》于 1991 年 7 月由少年儿童出版社出版。

些日常小事，从不同角度表现了新时期孩子们幸福美好的生活，同时也用美好的文字实践了自己一再寄语儿童文学作家们的忠告：

从事儿童文学，“必须要有一颗热爱儿童的心，慈母的心”。

“儿童文学，应该给世界爱与美。”

“为儿童创作，就要和孩子交往，要热爱他们、尊重他们。”

多少年了，冰心和她写于不同年代里的寄小读者的通讯一起，成为了一代又一代孩子“心灵上的朋友”。

今天，文坛上的许多老作家、老科学家、老艺术家和知名教授，都是她当年的“小读者”。有一年，他们结伴去给90岁的冰心祝寿，签名的时候，他们不约而同都在自己的名字前写上了“当年的小读者”几个字。这也不能不使人想到她的诗集《春水》里的句子：

春何曾说话呢？
　但她那伟大潜隐的力量，
　　已这般的
温柔了世界了！

《春水·四三》

25 海棠花下

冰心一生热爱孩子，“只拣儿童多处行”，作品里总是充满着温柔的母爱。她有一句名言：从事儿童文学创作的人，“必须要有一颗热爱儿童的心，一颗慈母的心”。在她的心中，那盏小橘灯的明亮的光芒，一直在闪烁着，无论是在夏日的雨雾之夜，还是在冬日的雪夜里。

到了晚年，冰心和全国各地的很多孩子都成为了“知心朋友”，她有时会给孩子们写信，有时会邀请孩子们来到家中，听孩子们给她讲述自己的故事。纯真的孩子们也给她带来了快乐和欣慰。

1989年，云南省的一位九岁的佤族小女孩张可，到北京参加全国少年儿童绘画大选赛决赛。她以当场画的国画《妈妈快来呀》得到了评委们的一致赞赏，荣获了优秀奖。消息传开，文艺界许多著名的艺术前辈都为偏远的少数民族佤族出了一位这么好的小画家而高兴。老诗人艾青和作家冯牧等都亲切地会见了小张可。

遵照医生的吩咐正在安心休养、医生还在她的门上挂了“谢绝会客”牌子的冰心奶奶，这时候已经90岁高龄了。她听到消息后，也很想看看张可。医生最终同意了。

张可听说要见到冰心奶奶了，高兴极了！她在小学课本上读过冰心奶奶的《腊八粥》，还读过《小橘灯》《寄小读者》等。那天，当她激动地走进冰心奶奶的书房，看着那摆得密密麻麻而又整整齐齐的书时，她觉得好像走进了一个神奇的童话世界。

这时候，冰心奶奶微笑着把小张可拉到自己身边，抚摸着她的小手问这问那，好像一对早就熟悉的老朋友一样。冰心还告诉小张可，她早年在昆明生活过一段日子，她住的螺峰街与今天张可的家很近。她们应该是“老邻居”了。

小张可仰着小脸看着冰心奶奶慈祥的面容，听着奶奶那娓娓的回忆，她感到冰心奶奶的手是那么温柔。她把小脸凑过去，轻轻地、甜甜蜜蜜地亲了亲冰心奶奶的脸。

冰心奶奶高兴地笑着对小张可的父母说："孩子还小，应该让她自由发展,不要过分施加压力,要给她玩耍的时间……"

这时，张可拿出自己画的一幅国画《雏鸡图》送给冰心奶奶。她在画里要表达的心愿是：祝愿奶奶永远像童年的时候一样快乐、不老，画上的九只毛茸茸的小鸡雏，仿佛正在向奶奶问好，祝奶奶长寿……

冰心奶奶夸奖小张可说："画得真好，真美！"说着便把小张可拉到身边，笑着照了张合影。

照完相，冰心奶奶挥笔为小张可写道："张可小朋友，愿你像一朵野花一样，在阳光下自由地生长！"

写完，她问小张可："野花……懂得奶奶的意思吗？"

张可使劲地点了点头。

为感谢冰心奶奶，小张可又深情地背诵了自己不知已读过多少遍的《腊八粥》。冰心奶奶微笑着看着小张可一张一合的小嘴巴，仿佛又回到了自己的童年时代。

除了小张可外，冰心奶奶还有一位亲密的小朋友，那是写过《夏天的素描》等许多小说和诗歌作品的少年作家韩晓征。冰心奶奶曾亲自为她改过作文。

晓征在北京二中念书的时候，一到星期天就跑到冰心奶奶家去，告诉她一个个好消息："奶奶，我又写完了一篇新的小说，我读给您听听……”每当这时候，冰心奶奶总是一边听着晓征的朗读，一边微笑着点着头说：“后生可畏，后生可畏……”

在冰心奶奶 90 岁生日那天，韩晓征满头大汗从学校跑来为奶奶祝寿。她带来一个布制的小礼物：一个身穿红兜兜的小顽童骑在一个硕大的绿冬瓜上。晓征调皮地在一张小卡片上写道：“冰心奶奶，您猜猜，是冬瓜大显得孩子小呢，还是孩子太小显得冬瓜大呢？”

冰心奶奶看着这件奇特的小礼物，笑得合不拢嘴。她说，这是所有的孩子对她的祝贺。

高龄的冰心奶奶虽然难得出门走走了，但是，她的心始终是和孩子在一起的。她还是那么细心，能从一些小朋友寄来的信中体会到现在的小朋友的欢乐和苦恼，也会发现一些小问题，并且及时地、循循善诱地告诉小朋友，如何去改正。

1988 年 2 月 13 日，《农村孩子报》上刊登了冰心奶奶写给一个名叫“冰姿”的小朋友的一封书信，里面就写到了她发现的一个“小问题”：

冰姿小朋友：

你的信和文章都收到了，你的文章写得不错，

93 岁的冰心。

还可求进步。不过有一件事，我要提醒你。你以后无论给什么人写信，都不要用公家信笺和信封！这是公私不分，这样做不好！我得信时还以为是建宁县人民政府的公文呢。你今年才 10 岁，要培养好这种道德，也许我严重了，不过我从小是这样做的。希望你不只名字像我。

1983 年 12 月 12 日，在写给《北京日报》儿童文学副刊《小苗》的小读者们的贺年信上，冰心奶奶说到了她晚年和孩子们的交往，以及她对孩子们的关注、叮嘱与期望：

我几乎每天都能得到几封来自天南海北的小朋友们的信，你们或是报告自己学习、工作和课外活动的一切，或是问我应该怎样写日记、作文等等，有时信里还附来一条红领巾和自己得来的奖状或其他书画，这都使我感到无限的亲切和温暖。但我有限的精力和时间，都不允许我来分别作复，只能在此一并感谢和道歉了！

我想你们总是写信给“冰心奶奶”却从来没有告诉我关于你们自己的爷爷、奶奶或姥姥、姥爷和你们同在的情况。我知道你们的爸爸、妈妈一定都忙于工作，你们一定有爷爷、奶奶或姥爷、姥姥和你们同住。他们一定十分喜爱你们。他们会帮你们温习功课，他们会给你们讲许多有趣的故事，他们还会帮你们的爸爸妈妈做些家务。他们和你们在一起一定很快乐。但他们到底老了，也可能相当地辛苦。你们一定要孝敬他们。自己能做的事，千万不要去麻烦他们。

最近我搬了家，我在新居的墙上挂上了我的爷爷写的十首种花诗的横幅。我每天看着它，我童年时代和我爷爷同住的甜蜜光阴，就都涌现在我的眼前！我和爷爷同住的时间至多不过两三年，但遗留给我的影响却非常深刻。他是一位很有学问的人，又有很好的劳动和生活的习惯。他很爱我，我也很爱他。追随在他的身边，我学到了许多良好的习惯：爱看书、爱劳动、早睡早起、清洁整齐等等。他工作或读书累了，就侍弄花草，他交给我许多种花的知识。他是一位老师，他常把他的学生比作花朵，而他自己是个勤勉的种花人——园丁。他的十首种花诗中就有一首是：

一年容易又来春，过眼春光旧复新。

只恐及时花事误，年年勉作课花人。

意思是一年一年春天过得很快，为了恐怕耽误了学生的青春，年年都勉励自己做一个好的种花人——园丁。

我想你们的爷爷奶奶、姥爷姥姥都做过对国家对人民有益的工作，也一定都有很好的经历和经验。你们要从和他们的接触和谈话里学到许多很好的知识。珍惜和老人们同在的时间吧，学问就是这样地一点一滴积累起来的！

冰心奶奶是一位勤奋的作家，即使到了晚年，每天仍然要伏案写作，要不就是给各地的小朋友写回信。

1984 年 11 月 20 日清晨，她在写给家乡福建省的小读者的一封信上说：

家乡的小朋友：

《小学生周报》发刊了，这对于小朋友们是个极好的消息。

我们的家乡——福州，是我国东南沿海的一个大港口，它每天都在接待着五湖四海的人物，都在传送着五湖四海的消息。我愿福州的小公民们，不放过你们在家庭、学校、社会上所接触的一切新鲜事物，以及这些事物在你们的生活中所引起的新的变化，同时利用《小学生周报》这块发表创作的园地，把你们的感情抒写下来，把你们的理想发挥出来，以供同学们切磋观摩和老师们评论改正。这样，对于你们的写作练习，是会有很大的好处的。我很忙，不能多写，祝你们不断进步。

你们热情的朋友 冰心

她还像年轻时候的“冰心姊姊”一样，在书信里给小读者们解答各种各样的问题，也把自己的一些感想和小读者们分享，告诉他们什么是“好”，什么是“不好”，什么是应该做的，什么是不应该做的。

1986 年 2 月 8 日，正是中国农历除夕，冰心奶奶在写给北京的小读者的一封信上写道：

我知道春节期间，你们会得到爷爷奶奶给的压岁钱；叔叔阿姨给的小人书、玩具和糖果。我希望你们在得到这些礼物的时候，首先要想到周围的兄弟姐妹、同学、朋友，“不自私”地和他们分享自己的欢乐。

你们得到的压岁钱，最好交给父母，请他们替你储蓄起来；或是订阅几份儿童刊物，来丰富你们的知识。

如果你们得到花炮，要注意在放过之后，把地上的纸屑药灰扫起来放在垃圾箱里，不要在夜晚九时以后放花炮，以免惊扰老人和婴儿的睡眠。

总之，我愿你们在快乐的游戏中，要记住保护“环境美”的重要性，如不随地乱扔糖纸果皮之类，这些我早已对你们谈过，就不必再提醒了。

最后，我衷心祝愿你们有一个最欢畅健康的春节！

热爱你们的朋友 冰心

冰心奶奶经常听到小朋友们提出的一个问题就是：“我长大了也想做一个作家，但我不知道有什么‘秘诀’，怎么办？”对此，冰心奶奶告诉小朋友们说：根据她自己的知识和经验，一个人不能因为要成为一个作家才勉强写作的，他或她必须对生活中所接触的事物有真实的情感，非发泄不可的时候，才拿起笔来，用自己熟悉的语言和文字，写出自己的真情实感，一直到写出的文字能够得到读者普遍的同情和共鸣以后，人们才承认你是一个作家。

她还引用了她的老朋友、著名文学家巴金爷爷的话，告诉小朋友们：好的作品能把人的思想引到一个崇高的境界，艺术的魅力是能够使人精神振奋……每一个，都需要“光和热”！如果一篇作品能把人们的思想引到崇高的境界，那是因为作者身上有着“爱”的“光和热”，他一定是一个热爱祖国和人民、心里装着祖国和人民的作家，这样他的笔下才会奔涌出充满了自尊心和正义感的文字……

有的小朋友在追求自己美好的文学梦想的路上，可能会遇到各种困难，甚至也不免受到讥讽嘲笑。冰心奶奶告诉孩子们说：对待这种“讥讽”，首先是虚心自省，其次是淡然处之。只要你认为自己写作的目的是积极的，而且有积极的社会效果，就要坚持下去。

1987 年 4 月 7 日，她在写给《儿童时代》小朋友们的一封书信中，说到了自己写作的“窍门”和“秘诀”：

这里我可以把我写作的“窍门”和“秘诀”告诉你们：第一是我作文时绝不抄袭，绝不模仿！第二是我一定要写我生活中遇到的使我动情的真人实事。我从写作的经验中感到这样的文章，往往会得到读者的同情和共鸣。

不过在写作上也应当有个训练和借鉴。谈到借鉴，我开始写作时可读的有《古文观止》和《唐诗三百首》，以及《三国演义》、《水浒传》、《西游记》和《红楼梦》等书，而你们现在可以借鉴的书籍杂志就太多了，问题在于你们去不去搜寻阅看。

谈到训练，我还是劝你们每天写一段日记，一来是考验自己坚持写作的毅力和恒心。二来你们每天生活中绝不只是吃饭，上学，睡觉……你们的周围可写的事情多得很！如风、霜、雨、雪的情景；父母，老师，兄弟，姐妹，同学们的一句或一件使你永远不忘的话或事；课文或书籍中一段动人的文字，只要能在你们脑中留下较深刻的印象的，都可以写或记下来，这是练习作文的最好最有效的方法，希望你们无论如何要坚持下去！

此外，我还要求你们像我现在一样，手边总放着一本《新华字典》，在你们提笔忘字的时候便向它求教，它会帮助你们不写错别字。

这些事可能你们都已经做到了。春天来了，祝你们和春天的花草树木一同繁荣地生长！

你们的老朋友 冰心

1988年3月30日清晨，冰心奶奶又早早地醒来，坐在自己那张小小的书桌前，写下了一篇文字优美的纪实散文《海棠花下》，写的是她和另一位儿童文学作家、教育家叶圣陶老爷爷的一次见面的情景。

那天，叶圣陶老爷爷家的院子里，正盛开着美丽的海棠花。这两位八九十岁的老人，就像两个天真的小孩子一样，在海棠花下一边赏花一边说着笑话……冰心在这篇小散文的结尾写道：

时间过得真快，我向叶老献上我带去的一个小月季花篮，叶老还赠我一个很精美的小黑胆瓶，里面插着三朵他们花圃里长的三支黄色的郁金香。

回家的路上，我捧着那个小胆瓶，从车里外望，仿佛北京城里处处都是笑吟吟的人！

从这样的细节里我们可以感到，冰心奶奶，还有叶圣陶老爷爷，他们都是一些心地多么善良、多么纯净的人！只有这样的人，才能像冰心奶奶说的那样，写出“爱与美”的作品来，写出带着“爱”的“光与热”的作品来。

26 玫瑰的风骨

“冰心爱玫瑰，那是一种深挚的爱。”

冰心的学生和朋友、儿童文学家葛翠琳在她的长篇散文《玫瑰的风骨——记冰心老人》里这样写道。

冰心老年时写过一篇散文《我和玫瑰花》，记述了她从青年时代起对玫瑰的景仰与喜爱。

她年轻的时候在协和女大上学时，校园里大礼堂廊前台阶两旁是耀眼的红玫瑰花丛，18 岁的冰心经常坐在玫瑰花下和草地上看书，玫瑰的花瓣留在她的书页中，玫瑰的花魂留在她的心中。

当时（1922年5月18日），她写过一首诗《玫瑰的荫下》：

衣裳上，

书页上，

都闪烁着

　叶底细碎的朝阳。

我折下一朵来，

等着——等着，

浓红的花瓣，

正好衬她雪白的衣裳。

冰凉的石阶上，

坐着——坐着，

等她不来，

只闻见手里

　玫瑰的幽香。

这是她最早的作品里留下的对玫瑰的赞美。

从美国留学回来后，冰心在自家的庭院里种了两排白玫瑰，不仅自己家里的花瓶里天天插着美丽的白玫瑰，她还经常剪一些玫瑰花送给朋友和学生。

到了晚年，1986年的一天，周恩来总理的夫人邓颖超邀请久不外出的冰心去观赏玫瑰花。有记者赶去采访，冰心当时曾为《人民文学》杂志写过两句话：

昨天游园，有人问我，“你为什么喜欢玫瑰花？”

我说，因为它有坚硬的刺，浓艳淡香都掩不住她独特的风骨！

“哦！玫瑰花映出了冰心的影子。冰心的作品里，闪烁着玫瑰花的美丽、芳香和风骨……”葛翠琳在她的散文里这样写道。

晚年的冰心，还写下过这样的话语：“我一生九十年来有多少风和日丽，又有多少狂飙暴雨，终于到了很倦乏、很平静的老年，但我的一颗爱祖国、爱人民的心，永远是坚如金石的。”

这才是真正的冰心！显示了冰心老人像玫瑰一般的美丽情怀与坚硬的风骨。

老年的冰心，为大读者和小读者创作了许多境界开阔而崇高、语言上也炉火纯青，而且带有“玫瑰的风骨”的散文。

这些篇幅短小的散文脍炙人口，有的早已成为读者心目中的经典篇章。

例如1982年她为《东方少年》创刊而写的《灯光》，歌颂了“阳光的先行者”——黑夜里的灯光，也赞美了人间的一切光明。

“初冬黎明时的灯光，总给人一种温暖，一种慰藉，一种希望。因为从家家窗户射出来的光明，是这片大地上人们醒起的信号，是灿烂阳光的前奏！”这篇短小的散文不足千字，却有着开阔的意境，给人们送来希望、温暖和信念的光亮！

《绿的歌》是献给大自然、献给春天的赞美诗：“我深深地体会到‘绿’是象征着：浓郁的春光，蓬勃的青春，崇高的理想，热切的希望……绿，是人生中的青年时代。”

《霞》也只有短短的几百字，却写得那么光华熠熠、情思飞扬，而且富于深刻的生命哲理：

> 霞，是我的老朋友了！我童年在海边、在山上，她是我的最熟悉最美丽的小伙伴。她每早每晚都在光明中和我说：“早上好”或“明天见”。但我直到几十年以后才体会到：云彩更多，霞光才愈美丽。从云翳中外露的霞光，才是璀璨多彩的。
>
> 生命中不是只有快乐，也不是只有痛苦，快乐

冰心一生酷爱玫瑰，这是她晚年在玫瑰花前，心情格外舒畅。（这里的“玫瑰”即“中国玫瑰”——月季。）

和痛苦是相生相成，互相衬托的。

快乐是一抹微云，痛苦是压城的乌云，这不同的云彩，在你生命的天边重叠着，在“夕阳无限好”的时候，就给你造成一个美丽的黄昏。

一个生命会到了“只是近黄昏”的时节，落霞也许会使人留恋、惆怅。但人类的生命是永不止息的。地球不停地绕着太阳自转。

东方不亮西方亮，我窗前的晚霞，正向美国东岸的慰冰湖上走去……

从这篇散文诗中，我们也可体会到冰心在自己的生命黄昏之时从容、达观和积极的人生态度。

还有《春的消息》《我喜欢下雪的天》《海棠花下》《我梦中的小翠鸟》《话说君子兰》《我的家在哪里？》……这些精美的小散文，都闪耀着爱与美的光芒，带着真与善的温暖，激励着人们去热爱生活、热爱世界，去拥抱未来和希望。

她关注和聆听着自然界的风雨之声，同时心里也装着祖国和人民，尤其是孩子们的忧乐与冷暖。

在《我请求》里，她写出了对祖国的儿童教育事业的沉重忧思与殷切期望；在《无士则如何》里，她大声疾呼，应该真正地尊重知识分子，重视科学、教育、文化，重视早在“五四”时代就提倡过的“德先生”与“赛先生”即科学、民主……

冰心的这些文章里，有时带着像玫瑰一样的“坚硬的刺”，使人警醒，也催人奋进。

这样的思想与情怀，与她青年时代在《影响》那首短诗里所抒发的情志，是一脉相承的：

一个人的思想，
发表了出去，
不论他是得赞扬是受攻击，
至少使他与别人有些影响。
好似一颗小石头抛在水里，
一声清响跳起水珠来，
接着漾出无数重重叠叠的圈儿，
越远越大直到水的边际——
不要做随风飘荡的羽毛！
吹落在水面上，
漾不出圈儿，
反被水沾住了。

尾声

涓涓不息的春水

凡是耕耘在20世纪中国儿童文学园地里的一代代作家，有谁不曾做过冰心奶奶的“小读者”？谁的心灵，不曾被那盏闪烁着朦胧的橘红色光芒的小橘灯温暖过、照耀过？谁的情感和文字里，不曾接受过那涓涓春水的无声的润泽？谁的记忆里，不曾珍藏着那宝石般晶莹的繁星的光芒？

繁星永照，春水长流。冰心把真诚的爱给予了一代代小读者，她的作品也受到了几代读者的欢迎。

1990年春天，在冰心老人90岁寿诞的时候，在著名学者雷洁琼、世界著名作家韩素音和冰心的学生、儿童文学作家葛翠琳共同倡议下，创办了一个以冰心的名字命名的儿童文学奖——“冰心奖”。

冰心曾一再寄语儿童文学作家们：“必须要有一颗热爱儿童的心，慈母的心。”“为儿童创作，就要和孩子交往，要热爱他们、尊重他们。”“有了爱，就有了一切。”因此，设立一个“冰心奖”，鼓励和支持为孩子们创作、出版好的图书，这是一件十分有意义的事，也是对冰心老人 90 岁寿诞最好的祝贺。

葛翠琳在她后来写的《铺路·架桥——“冰心奖”十五周年回顾》一文里，记下了“冰心奖”初创时的一些真实的历史细节：

> 冰心奖的计划确定下来，吴作人老人不但答应担任冰心奖副主席，还亲笔题写了“冰心奖”几个大字。全国人大副委员长雷洁琼任冰心奖评委会主席并亲自主持了新闻发布会。胡絜青老人题词祝贺，并和萧淑芳、杨沫、叶君健、吴全衡诸位老前辈一起任冰心奖评委会副主席。大家对冰心老人的友情，对孩子们的爱，凝聚在“冰心奖”这一事业的发展上。原北京市企业文化建设协会常务副会长郝真同志以她多年一贯的忘我精神，使各项筹备工作——

冰心与“冰心奖”创办人韩素音、葛翠琳。

落实，并争取到社会各界的支持。

冰心奖设立以来，在每年冰心生日前后，举行冰心奖颁奖大会，第一届至第五届冰心奖颁奖大会在人民大会堂举行，第六届至第十届冰心奖颁奖大会在钓鱼台芳菲苑举行。第十一届以后的冰心奖颁奖大会在中国现代文学馆举行。2002 年还在北京平谷区建立了冰心奖陈列室和冰心奖儿童图书馆。

……最初的奖杯是两只铜鸟，栖落在黑色大理石底座上，小鸟仰着脖儿，张着口，急切地望着大鸟，大鸟伸长了脖颈，头低垂下来，嘴叼着食物喂进小鸟口中。这是从冰心老人家中的礼品里选取的形象，体现冰心老人作品里母爱的主题，十分贴切。黑色大理石底座的下面，金色横牌上刻着“冰心奖”几个大字，是吴作人老人的笔迹。……在这一难忘的（颁奖）盛会上，社会各界来宾、新闻界，来自各省市出版社的朋友们，作家、画家、天真可爱的孩子们，从四面八方赶来，几代人同堂，庆贺、交流，倾听孩子们演奏获奖音乐作品，掌声、笑声融成爱的洪流，情景十分感人。白发苍苍的老前辈们满脸慈祥的笑容，到会者人人永记难得的相聚。

“冰心奖”创办时，很多名家、前辈都留下了珍贵的题词。英国作家韩素音的题词是：

冰心是我们这个世纪的伟大作家之一，她的作品绝不会过时，而且将继续吸引一代又一代人。使我高兴的是，中国有这么多作家和出版社致力于为儿童创作出版优美的图书，我满怀信心地说：这些图书无论在种类和质量上都远远胜过其他许多国家。

文学家巴金先生这样题词祝贺：

思想不老的人永远年轻，
冰心大姐就是这样的人，
她写了将近一个世纪，
今天还紧紧握住手中那支笔。
好几代的孩子读她的诗文懂得
爱世界、爱大海、爱星星。
听她的话，年轻人讲“真话”写“真话”
为国家为人民奉献赤诚的心。
作为读者，我敬爱她；

作为朋友，我为她感到自豪。

冰心用自己早年诗集《繁星》和《春水》里的句子，勉励年轻的儿童文学作家们：

蜜蜂，
是能融化的作家；
从百花里吸出不同的香汁来，
酿出她独特的甜蜜。

《繁星·一二五》

修养的花儿
　在寂静中开过去了，
成功的果子
　便要在光明里结实。

《春水·一二五》

“冰心奖”里有一个重要的奖项，是颁发给每年的儿童文学新作的，尤其是青年作家们创作的儿童文学新作，韩素音特意为“新作奖”题词：“人类的创新精神是永恒的。”

“冰心奖”从创办那天起，就传承着冰心作品中的真、善、

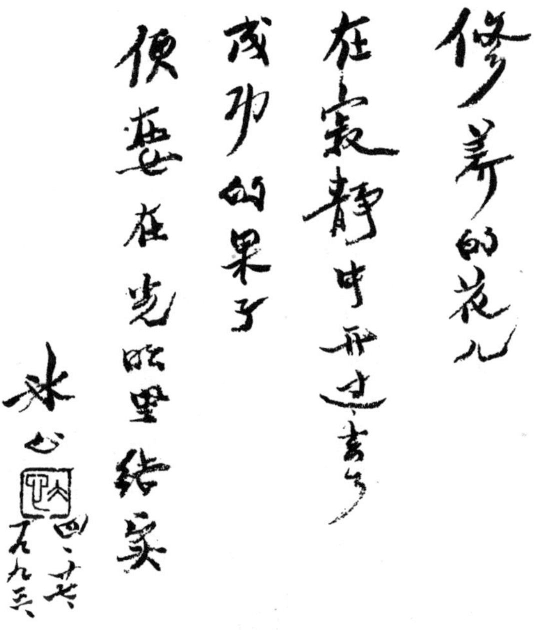

冰心手书："修养的花儿 / 在寂静中开过去了 / 成功的果子 / 便要在光明里结实"。

美、爱的精神，不仅致力于出版、传播和奖励优秀的儿童图书，也致力于发现、培养和推介具有潜力的儿童文学新人，致力于支持、鼓励儿童艺术教育的普及、发展与创新。

葛翠琳在《大海与玫瑰》一文里，也记下了一些珍贵的往事与对话。有一年，她去冰心老人家里，向她汇报“冰心奖”的事情。葛翠琳告诉她说：“有些获得‘冰心奖’的作者来信，说从小读您的作品长大，获了‘冰心奖’，非常激动。他们都很尊敬您。”

冰心听了，谦逊地对葛翠琳说道：“请告诉他们，我有些作品写得还好，有些作品写得不够好。不要把不那么好的作品也说成好。他们一定会超过我的，我为这高兴。”

葛翠琳说：“明年就是‘冰心奖’创办十周年了，又是您的百岁生日，还是新中国建国五十周年，三项喜庆，十分难得！那么，您想对‘冰心奖’讲几句话么？”

冰心回答说：“还是那两句话：‘给世界爱和美’，‘有了爱便有了一切’。”

“对获奖作者讲句什么？”

“也还是那句话：‘得奖仅仅是创作的开始，千里之行，始于足下。’”

“大家祝愿您健康长寿，迎接21世纪。”

“重要的是，让作品迎接新世纪。对年轻的新作者来说，尤其需要这样。我祝愿：大家的作品，在21世纪里相会。那会形成很大的力量。中国作家具有传统的爱国精神，爱祖国的前提下，能把所有作家的心凝聚在一起。我特别寄希望于年轻的新作者们。”

“我要把您的话，写进明年的‘冰心新作奖’获奖作品集序言里，也写在‘冰心奖’十周年纪念册里。”

“记住，纪念册不要突出我个人……‘冰心奖’是由关心孩子的群体构成的，我可没做什么，不能让我因此而获名。”

“您是中国当代文坛的老祖母，贡献是大家公认的。”

“不能这样说，个人只是大海中的一滴水。”

“您一生爱大海，给我很多启示。”

“大海和大地紧紧相连。大海能包容一切。大海从不停止运动。”

葛翠琳又说：“您翻译的作品，对世界文化交流贡献很大，也影响了中国的作家。”

冰心说：“我只译我喜爱的作品，作家总是相互影响的，作品是无国界的，但作家是有祖国的。人民欢迎的作家，都是热爱祖国的。”

那年，全国的许多地方都遇到了洪灾，葛翠琳告诉冰心说，这次抗洪，许多作家都去了第一线……

冰心说："我真羡慕他们。中国作家有传统的爱国精神，置身于英勇的人民当中，会感受到震撼的力量，那是幸福而光荣的。"

"您也尽了力，为抗洪捐款 12000 元……"

"只是尽一份心吧。我还能做什么呢？我对抗洪的军民怀着深深的敬意。"

这次谈话时，冰心老人静静地躺在病床上，面容慈祥。葛翠琳觉得，老人慈祥的目光里，充满了深深的爱：爱孩子，爱祖国，爱世界，爱人类……

最后，老人亲吻了葛翠琳，用微笑送她走出了病房。

回到家后，葛翠琳的心一时难以平静下来。老人慈祥的面容和温暖的话语，还在她的眼前浮现、回响。她把老人写给她的信件、题写的诗句全部找出来，重温着老人的教诲。

其中有一幅手迹，葛翠琳看着看着，眼睛不知不觉地就湿润了：

爱在左，同情在右，走在生命路的两旁，随时撒种，随时开花，使得这一径长途，点缀得香花迷漫，让穿枝拂叶的行人，踏着荆棘，不觉得痛苦，有泪可挥，也不是悲凉！

这是何等的情怀、何等的精神境界啊！葛翠琳情不自禁地在这篇散文里写道：“冰心老人就是大海，就是玫瑰……”

寒来暑往，柳色秋风。在那些春水奔腾过的地方，如今到处是鲜花的洪流。“冰心奖”迄今已经创办 25 年了！

25 年来，许多目前在儿童文学界从事创作的人，在儿童读物出版界从事编辑出版工作的人，都受过“冰心奖”的鼓励，许多青年作家可以说是深受其惠。

“冰心奖”已经不仅仅是一个文学奖和图书奖，而是一种精神、一种理想和信念的象征——是来自冰心老人的生命和作品中的那种热爱孩子、热爱儿童文学事业、热爱真善美的精神与信念。

“冰心奖”带着冰心老人的慈辉，带着冰心老人的纯洁与真诚，也带着一种向爱、向善、向美的感召力、自省力和凝聚力。桃李不言，下自成蹊。而那些对孩子、对儿童文学乃至对生活怀有怠慢和游戏之心，缺少真诚、善良和爱心的人，与“冰心奖”是无缘的。

“冰心奖”当年的三位创办人，如今只剩下葛翠琳一人了。如今她也已经 80 多岁了。她不愧为冰心老人的学生和文学精神的传承者，“冰心奖”能够坚持25年，与葛翠琳老师自始至终付出的心血和艰辛是分不开的。我们从“冰心奖”20年多来的留下的照片影像里就可看到，葛老师从当年的风华奕奕，渐渐变成了今天的白发苍苍。为了“冰心奖”，她几乎付出和牺牲了自己全部的创作时间。她也把自己对冰心老人的敬仰和爱戴，把冰心老人的精神，把那种热爱孩子、热爱儿童文学事业、热爱真善美的理想的光辉与传统，融进了“冰心奖”。

人们说，“冰心奖”已经成为了一个美丽的童话梦想，成为了飘扬在童心城堡上空的一面“爱的旗帜”。

1999年2月28日晚9时，慈祥的世纪老人冰心奶奶，在北京医院308病房里，在儿子、女儿和孙儿辈等亲人轻轻的呼唤声中，静静地、安详地闭上了双眼，享年99岁。

她的女儿吴青从被子下握着妈妈的手，觉得妈妈的手还是暖暖的，妈妈就像是睡着了一样。

冰心老人虽然远去了，但是她充满爱与美的作品留在了人间。她的作品与精神就像涓涓不息的春水，将会滋润着一代代小读者和大读者，以及一代代儿童文学创作者的心田……

让我们记住冰心老人的话：“我的生命的道路，如同一道小溪，从浅浅的山谷中，缓缓地、曲折地流入‘不择细流’

的大海……”

她博大、慈爱、纯净的生命，是大海，是玫瑰，是繁星，是春水，也是那盏不灭的小橘灯所闪耀出的温暖与光明。

冰心辛勤笔耕 70 余载，给世界留下了近 400 万字的作品，是中国文学史上创龄最长的女作家。

魔法象故事森林·少年游

《蜻蜓池塘》ME001

〔英〕伊娃·伊博森／著　陈红杰／译　　张小妹／绘

定价：34.80元　　出版：2016年1月

成长并不意味着放弃个性。忠于内心，才能到达远方。

英国文学巨匠、卡内基文学奖提名奖得主伊娃·伊博森作品。

入选2016年3月新浪“微博童书榜”（7~14岁年龄组TOP3）

入选《全民阅读好书推荐书目（2015~2016）》

入选广西师范大学出版社1986~2016《30年300本好书》

《手中都是星星》ME002

〔德〕拉菲克·沙米／著　王洁／译　　么么鹿／绘

定价：29.80元　　出版：2016年1月

献给每一个紧握梦想的孩子。

已被翻译为18种语言，在多个国家广为流传，2012年维也纳市民共读图书，2015年德国科隆市“城市之书”。

入选2016年3月百道网“中国好书榜”（少儿类）

入选《全民阅读好书推荐书目（2015~2016）》

入选广西师范大学出版社1986~2016《30年300本好书》

《谢谢你，山谷！》ME003

〔美〕尼基·洛夫廷／著　朱菲／译　　马岱姝／绘

定价：29.80元　　出版：2016年1月

致所有渴望被倾听的男孩女孩。

美国畅销儿童小说作家力作，倾听孩子内心，感受自然之力。

入选2016年全国教师暑期阅读推荐书目（第三批）

入选2016年3月新浪“微博童书榜”（7~14岁年龄组TOP20）

《无人知晓的心愿》ME004

〔美〕弗朗西丝·奥罗克·多维尔／著　邸笑飞／译　　么么鹿／绘

定价：29.80元　　出版：2016年1月

送给成长路上点亮我们生命的朋友。

美国埃德加·爱伦·坡最佳童书奖作者力作，为孩子演绎的友情之歌。

入选2016年3月新浪“微博童书榜”（7~14岁年龄组TOP20）

《秘密学校》ME041

〔美〕艾维／著　陈宇飞／译　　么么鹿／绘

定价：26.80元　　出版：2016年5月

做自己命运的主宰者。

美国纽伯瑞儿童文学奖得主艾维力作，“秘密”背后是孩子勇敢的尝试。

《莫吐儿传奇》ME042

〔俄〕肖洛姆–阿莱汉姆／著　姚以恩／译　　陈伟　杨静／绘

定价：26.80元　　出版：2016年5月

于困苦中生出勇气，于荒芜中开出花朵。

世界著名作家肖洛姆–阿莱汉姆逝世100周年纪念版，孩童的烂漫洋溢在朴素的故事中，使这部犹太平民之书格外天真可爱。

《驴子的回忆》ME043

〔法〕塞居尔夫人／著　马爱农／译　　子炎／绘

定价：26.80元　　出版：2016年5月

如果一头驴子能得到温柔的对待，它是绝不会凶的。

法国著名儿童文学作家塞居尔夫人的经典作品，一部有趣而发人深省的驴子回忆录。

《月光下的冒险》ME044

〔英〕玛丽昂·圣约翰·韦伯／著　孙昱／译　李志宇／绘

定价：26.80元　　出版：2016年5月

相信童话，开启不可思议的奇幻之旅。

英国著名儿童文学作家玛丽昂的经典作品，一部儿童文学界的“世界名著”。

《蜻蜓昆丁的生命之旅》ME053

〔法〕格文纳艾勒·大卫／著　余婷婷／译　梁琴／绘

定价：26.80元　　出版：2016年11月

一只小蜻蜓的生命历程，一部大自然的绚丽史诗。

法国昆虫学家格文纳艾勒·大卫的自然小说力作，科学观察与文学创作完美融合，淋漓尽致地展现了一只蜻蜓的瑰丽人生。

《忠犬八公》ME054

〔西〕路易斯·普拉茨／著　〔西〕苏珊娜·塞莱伊／绘　轩乐／译

定价：29.80元　　出版：2016年11月

等待，是为了永不忘记爱我的人。

西班牙著名作家路易斯·普拉茨的动人之作，2014年荣获西班牙巴塞罗那最重要的儿童文学奖项约瑟夫·M.福尔奇·伊·托雷斯儿童文学奖，2016年荣获德国国际青少年图书馆白乌鸦奖。

入选2016年12月新浪“微博童书榜”（7~14岁年龄组TOP1）

《冰心的故事》ME065

徐鲁／著

定价：29.80元　　出版：2016年12月

把爱的哲学寄小读者。

中国著名儿童文学作家徐鲁的倾情之作，以浅白的文学性语言讲述了冰心的人生经历和文学思想，呈现出冰心笔下“爱的哲学”这一主题。

《树上的夜莺》ME069

〔美〕尼基·洛夫廷/著　孙榕潞/译　么么鹿/绘

定价：34.80元　　出版：2017年3月

成长，是你逐渐意识到，没有人为你做决定，你要自己面对问题。

美国著名儿童文学作家尼基·洛夫廷的感人之作。灵感来源于安徒生童话《夜莺》，树上的女孩盖尔穿透黑夜的用心歌唱，教会男孩小约翰如何独自成长、如何去爱。